L'AMOUR ET LES KILOS

Paru dans Le Livre de Poche :

COMMENT SURVIVRE QUAND LES PARENTS SE SÉPARENT

De Stéphane Clerget

LE GUIDE DE L'ADO À L'USAGE DES PARENTS

LES KILOS ÉMOTIONNELS

De Bernadette Costa-Prades

COMMENT SURVIVRE À L'ÉCOLE
(avec Roland Beller)

COMMENT SURVIVRE EN FAMILLE
(avec Catherine Mathelin)

COMMENT SURVIVRE QUAND ON EST UN GARÇON
(avec Jacques Arènes)

COMMENT SURVIVRE QUAND ON EST UNE FILLE
(avec Emanuelle Rigon)

DR STÉPHANE CLERGET
BERNADETTE COSTA-PRADES

L'AMOUR ET LES KILOS

QUAND LES SENTIMENTS COMPTENT DANS LA BALANCE

ALBIN MICHEL

ISBN : 978-2-253-18767-7 – 1re publication LGF

Pour Gaston Clerget

NOUS AVONS TANT BESOIN DE CONSOLATION...

L'amour est le pilier de notre vie d'humain. Quand nous avons été mal aimés, trop ou pas assez, c'est tout notre équilibre qui s'en trouve perturbé. Si vous avez acheté ce livre, c'est parce que de façon plus ou moins consciente, vous faites le lien entre votre surpoids et votre difficulté à aimer ou à être aimé. Et vous avez raison. Après avoir débusqué la source des kilos émotionnels, cet ouvrage vous propose de vous pencher sur les kilos affectifs, liés en partie aux émotions, mais pas uniquement. Tout comme la colère et la peur, l'insatisfaction amoureuse nous pousse à trop manger et donc à prendre du poids. Pourquoi choisir la nourriture ? Tout simplement parce qu'elle a été notre première consolation. Bébé, le sein ou le biberon venait apaiser notre faim, tout autant que notre besoin de tendresse et d'affection. Il n'est donc pas étonnant que nous nous tournions vers le frigo pour y trouver un réconfort à nos peines de cœur.
Pas étonnant encore si nous privilégions bien souvent des aliments sucrés, gras, sous forme de bouillie, qui nous rappellent notre enfance. Toutefois, l'aspect régressif n'est pas le seul à entrer en ligne de compte. Si

nous mangeons des aliments qui ont souvent mauvaise presse, c'est aussi parce que nous avons mauvaise presse auprès de nous. Nous mangeons ce que nous avons l'impression d'être à l'intérieur de nous-même. L'ingestion de ces aliments sans valeur nutritionnelle, nocifs pour la santé, traduit une mésestime de soi et une sorte de maltraitance, oui, le mot est fort, mais justifié. En choisissant ces aliments diabolisés, nous allons sciemment vers le diable, dans une forme d'auto-punition. De quoi sommes-nous coupable ? D'être gros, de ne pas savoir aimer et être aimé ? La démarche proposée ici va vous aider à prendre le chemin inverse de ce courant, elle va vous permettre de débusquer ce qui vous fait manger au-delà du raisonnable. Mais aussi, et surtout, ce livre va vous aider à vous réconcilier avec vous-même, à vous aimer enfin, pour pouvoir être aimé(e) à votre tour.

Ce livre ne vous promet pas une perte de trois kilos dans la semaine. Il faut du temps pour comprendre quel est ce manque affectif qui vous pousse à trop manger. Du temps encore pour changer vos habitudes alimentaires, vous réconcilier avec la nourriture. La démarche proposée n'est pas punitive, bien au contraire. Elle va vous permettre de mincir en douceur, presque avec tendresse pour votre corps, votre poids. Le but n'est pas exclusivement de vous faire entrer dans un 38 pour attirer sur vous tous les regards, mais, au bout du voyage, de vous sentir mieux dans votre vie en ayant compris ce qui vous tourmentait et vous poussait à vous consoler en mangeant à l'excès. C'est avant tout une quête de soi qui doit vous conduire à reprendre les rênes de votre existence tout entière, amour compris. Nous aimerions vous faire découvrir la gourmandise, au lieu de la gloutonnerie qui n'apporte que lourdeur et culpabilité. Manger est un des plaisirs de la vie, ne le gâchons pas avec des régimes aussi dangereux qu'inefficaces. Ne faisons pas de la nourriture une ennemie, sans elle, nous ne survivrions pas, mais apprenons à lui redonner sa juste mesure, sa vraie place. Une fois cette réconciliation opérée, il s'agira de vous pencher sur votre vie amoureuse, sans vous cacher derrière le faux alibi : je suis grosse donc je ne rencontre personne ! Nous allons vous permettre de faire un travail d'introspection pour débusquer pourquoi vous avez tant de mal à mincir et à aimer.

Comprendre ce lien entre nourriture et amour, bien manger pour retrouver un corps aimé, mais aussi aimer sa vie avant d'apprendre à être heureux en amour, tels sont les grands objectifs de cet ouvrage.

Enfin, ajoutons que si ce livre s'adresse principalement aux femmes, nos propos sont bien sûr tout aussi valables pour les hommes, largement contaminés par la folie de la minceur qui a gagné notre société[1]. Si certains ont effectivement un réel surpoids auquel il faut s'attaquer, d'autres se désespèrent pour trois kilos de trop... Est-ce bien raisonnable ?

1. C'est pourquoi nous avons choisi d'accorder tantôt au féminin, tantôt au masculin tout au long du texte, plutôt que d'adopter le (e) chaque fois.

I

Comprendre

La façon dont nous avons été aimés, cajolés, encouragés dans notre enfance influence non seulement notre façon de manger mais aussi notre façon d'aimer. C'est dans votre passé que cette partie vous invite à vous plonger, pour débusquer ce qui explique que vous ayez des problèmes avec votre poids et votre vie sentimentale, mais aussi pour que vous preniez conscience du poids de la minceur dans notre société, véritable folie qui perturbe tous nos comportements.

1

JE SUIS GROSSE, DONC JE NE SUIS PAS AIMABLE

« Une femme n'est jamais assez riche, ni jamais assez mince », assenait la styliste Coco Chanel. Et si notre époque en avait fait sa maxime ?

Tu n'aurais pas un peu minci ? Jamais la dictature de la minceur n'a été aussi forte, entraînant une grande culpabilité chez celles qui n'arrivent pas à correspondre aux critères esthétiques de notre époque. Il y a encore tout juste un siècle, le gros, c'était le riche, que l'on appelait d'ailleurs le « bien portant », ses kilos superflus étant la preuve d'un compte en banque bien alimenté. Depuis quelques décennies, c'est la minceur qui est à l'honneur. Les nantis surveillent leur ligne, avec la même ardeur que le flux de leurs actions en Bourse. Ce sont eux qui ont les moyens de manger les cinq fruits et cinq légumes par jour recommandés par le ministère de la Santé. Eux qui peuvent s'offrir des salles de sport et des thalassothérapies. Aux plus démunis reste la consolation de leur mauvais sort dans les sodas et les gâteaux achetés en hard discount où les taux de sucre et de gras sont plus élevés que dans les autres marques, dans le but de créer une accoutumance.
Toutefois, peu ou prou, à tous les étages de la société, nous parlons régimes, calories, kilos perdus, kilos repris. Le plus beau compliment que l'on puisse adresser à une amie, n'est-il pas « tu n'aurais pas un peu minci » ? Comme si la félicité dépendait de l'aiguille de

notre balance. La Québécoise Danièle Bourque notait justement dans son ouvrage *À dix kilos du bonheur*[1] que, malgré la menace nucléaire, la crise financière, le réchauffement climatique, la crainte numéro un d'une grande partie de la population occidentale est de grossir. Cette obsession n'est pas sans effet sur notre poids. Avez-vous remarqué ? Beaucoup d'entre nous ne parlent plus des aliments en fonction de leur saveur, du plaisir gustatif qu'ils leur procurent, mais en terme de lipides, glucides et autres protéines. Il est rare qu'au cours d'un dîner, il ne soit pas fait état de la valeur calorique de son assiette. On se ressert du couscous ? On s'en excuse aussitôt, ce n'est pas bon pour la ligne, on sait, on sait, mais là, il est vraiment très bon. Quant à celui qui commande des profiteroles au chocolat derrière une tartiflette, il est carrément devenu un paria, proche de l'excommunication de la tribu équilibre et santé. Et pourtant, malgré ces obsessions, les avertissements, les campagnes de prévention – ou à cause ? – l'obésité progresse. Or le regard que l'on porte sur soi modifie le regard des autres, génère une mésestime qui ne fait qu'aggraver la situation : la mauvaise image de soi entraîne un besoin de se consoler dans la nourriture, la nourriture entraîne un surpoids qui entraîne une mauvaise image de soi, la boucle est bouclée...

L'échec des régimes

70 % des Français auraient déjà suivi un régime, mais dans 90 % des cas, le poids initial est repris au bout de trois ans, et souvent même dépassé. Pourtant, nombreux sont les spécialistes de la diététique qui ne tirent

1. *À 10 kilos du bonheur*, Les Éditions de l'Homme, 2004.

aucune conclusion d'un tel échec. Ils continuent à nous enjoindre de nous serrer la ceinture, relayés par les journaux. Pourquoi un tel aveuglement ? Parce que les régimes sont une formidable industrie ? Sans doute, la triste histoire du Mediator vient une fois de plus confirmer que les laboratoires ne reculent devant rien pour promettre une ligne de rêve. Les patients non plus d'ailleurs, où l'on voit des Américaines prêtes à sacrifier cinq ans de leur vie pour peu qu'on leur assure une perte de poids définitive ! Mais l'explication n'est pas suffisante. Les régimes ne marchent pas parce qu'ils ne prennent en considération que la dose de nourriture ingurgitée, sans se préoccuper des raisons qui nous poussent à manger au-delà de nos besoins, et donc à prendre du poids. Si les régimes sont des échecs, c'est tout simplement qu'on ne remonte pas à la source de la prise de poids. Pourquoi grossissons-nous ? La plupart du temps à cause d'un mal-être qui nous pousse à trop manger, à mal manger, pour tenter de combler un manque affectif que nous avons du mal à identifier. Pourtant, en dehors des troubles alimentaires gravissimes, tels que la boulimie et l'anorexie – qui ont à voir aussi en partie avec l'amour –, cette dimension est rarement prise en compte dans le cabinet du nutritionniste. Le problème du poids reste une affaire d'entrée et de sortie : vous diminuez les entrées avec le régime, vous augmentez les sorties avec le sport, et le tour est joué. Voilà comment la plupart des personnes en surpoids et malheureuses en amour sont traitées : comme des tuyaux à vidanger... Seulement, nous sommes des êtres humains pétris de sentiments, d'affects, d'états d'âme, d'amour, de haine... Tant que ces facteurs ne seront pas pris en compte pour perdre du poids, les régimes seront *tous* voués à l'échec.

Tout, tout de suite, ou je fais un malheur !

Le problème de la restriction perpétuelle est qu'elle conduit inévitablement à un moment donné à craquer sur ce qui est immédiatement disponible, à savoir le fast-food, le pain aux raisins au coin de la rue, la barre chocolatée du distributeur, plus rarement sur le concombre et les radis... Notre société a beau prôner la minceur, elle n'a de cesse de proposer ses produits « toxiques » à tous les coins de rue. La restriction facilite le lâchage, et la facilité d'accès augmente la tentation, après tout, pourquoi pas ? Nous avons tous connu ces moments où une petite douceur nous fait oublier un chagrin. Là où le bât blesse, c'est que nous ne dégustons pas une bonne brioche appétissante, nous l'engloutissons à une telle vitesse qu'elle ne nous rassasie pas et qu'il nous en faut vite une deuxième, voire une troisième... Cette avidité qui ne cesse qu'une fois l'estomac plein à craquer est bien différente et bien plus fréquente que la boulimie, une étiquette tellement plus commode pour se faire soigner...
Nous sommes aujourd'hui dans une certaine impatience, nous voulons tout, tout de suite. Attendre devient difficile, à tel point que certains mangent comme si ils étaient en période de guerre, alors qu'il suffit de traverser la rue pour trouver quelque chose à se mettre sous la dent. La publicité a bien compris ce phénomène et nous matraque de spots où les consommateurs se comportent comme des drogués en manque, prêts à tout pour avoir leur glace ou leur fromage préférés. Ils veulent tout de suite jouir, sans plus attendre, comme si on allait leur retirer le pain de la bouche. Chez ces personnes-là, ce comportement n'est pas en absence de lien avec leur sexualité, où les préliminaires sont délaissés, l'idée de prendre son

temps n'étant plus guère valorisée. Au cinéma comme dans la vie, hommes et femmes jouissent à la vitesse de l'éclair, comme pour s'en débarrasser... Nous verrons plus loin pourtant que savourer, prendre son temps, est la meilleure façon de mincir et de jouir !

Ce que cache cette faim perpétuelle

Quand nous avons passé des années au régime, la nourriture devient une obsession : celle que nous avons mangée, celle que nous sommes en train de manger, celle que nous allons manger. Lorsque nous sommes en état d'hypoglycémie, que nous avons réellement faim, il est normal de penser à la nourriture. Mais quand ce n'est pas le cas, on peut légitimement se demander à quoi servent ces pensées qui occupent l'esprit. Viennent-elles en masquer d'autres plus dérangeantes, auxquelles nous n'avons pas envie de faire face ? La nourriture devient alors un arbre qui cache une forêt de pensées refoulées, et notamment celles en lien avec le mal d'aimer, le manque d'amour. La première des libertés que nous allons essayer de vous faire retrouver est justement de cesser d'y penser...

La folie, de 8 à 98 ans...

Mincir est devenu une telle obsession qu'elle touche tous les âges de la vie. Les pédiatres se plaignent de voir des petites filles de 8 ans compter les calories dans leur assiette, par identification à leur mère qu'elles n'ont connue qu'au régime, et elles sont nombreuses désormais à penser qu'il s'agit là d'un accès à la féminité. Les gynécologues reçoivent dans leur cabinet des femmes enceintes dont la grande préoccupation est de ne pas trop grossir, qui refusent d'allaiter parce qu'elles craignent de ne pas retrouver assez vite leur taille de guêpe. La ménopause est également devenue un épouvantail car elle est accusée de faire prendre des kilos. Oui, il est normal de grossir pendant la grossesse, c'est la seule façon que l'on a de nourrir son bébé. Oui, il est normal de prendre un peu de poids à 50 ans, car le corps brûle moins vite les graisses. Faut-il en faire un drame national ? D'autant qu'il faut le savoir – la nature est bien faite –, quelques kilos en plus participent à la fabrication d'œstrogènes, hormones que le corps ne produit presque plus à l'arrêt des règles. Or ce sont eux qui protègent le cœur, et sont responsables d'une peau bien hydratée. Trop mince, après 45-50 ans, c'est le dessèchement assuré...

L'angoisse du déclin

Comment expliquer que toutes les femmes, même les plus fines, souhaitent perdre « au moins trois kilos » ? Parce qu'elles ont peur en grossissant de ne plus être aimables... Les hommes s'y mettent aussi désormais et leurs conversations dans les salles de sport ressemblent à s'y méprendre à celles de leurs compagnes : ils s'échangent des tuyaux, parlent régimes, crèmes amincissantes pour faire fondre la bedaine, comme si aucune femme ne pouvait apprécier un petit ventre rond. Mais cette recherche de la perfection cache en fait une angoisse de mort. Vous souvenez-vous de cette phrase de grand-mère : « Mange, tu ne sais pas qui te mangera » ? La nourriture calmait une angoisse de manque, de mort, celui qui mangeait à sa faim était plus fort que celui qui manquait de nourriture. La force et la vitalité venaient de la nourriture. Aujourd'hui, elle vient du muscle, de la jeunesse, et donc de la minceur...

Si nous voulons faire de notre corps un bijou ciselé comme un diamant, c'est autant pour plaire et séduire que pour repousser l'idée du déclin fatal. Nous le vivons désormais comme une mécanique bien huilée, dont nous voulons garder la totale maîtrise. Voilà qui serait rassurant : nous n'aurions qu'à changer les pièces pour qu'il fonctionne. Contrôler son poids nous donne un sentiment de toute-puissance et, peut-être, l'illusion de contrôler les sentiments des autres...

Les hommes aiment les rondes qui s'aiment

Savez-vous, vous qui vous désolez d'avoir cinq kilos de trop et pensez que c'est pour cette raison que vous ne rencontrez pas l'âme sœur, qu'il y a moins de célibataires chez les rondes ?
À cette nuance près : les hommes aiment les femmes rondes qui s'aiment, qui aiment les plaisirs de la vie, pas celles qui se planquent derrière les murs, se dénigrent ou s'affament. Le problème aujourd'hui, c'est que certains jeunes garçons ont parfois honte de sortir avec une femme lestée de quelques kilos de trop, influencés qu'ils sont par l'image sociale qui veut que la femme mince soit le nec plus ultra... Ils choisissent alors leur partenaire en fonction du regard des autres, non de leur envie. Résultat : cette jeune femme ronde, qui aurait pu plaire, est délaissée. Quel gâchis quand même !

2

NOUS AIMONS COMME NOUS MANGEONS

Nous apprenons à aimer en même temps qu'à manger, c'est un besoin tout aussi vital. Ce lien entre nourriture et amour, nous allons le retrouver tout au long de notre vie.

Dis-moi comment tu t'attaches…

Sans amour, nous ne pouvons pas vivre. La preuve ? Des enfants, confiés à des nourrices qui se contentent de les nourrir et de les changer, dépérissent et finissent par se laisser mourir de faim, par manque de tendresse. Les études sur l'attachement menées par John Bowlby dans les années soixante, montrent également l'importance des premiers liens, en s'inspirant de l'éthologie et des observations des bébés mammifères. Qu'a-t-il constaté ?
Chez le bébé d'homme, comme chez le bébé chimpanzé ou le lionceau, il existe une volonté d'attachement immédiat, liée à sa survie. Le nourrisson s'attache à la personne qui s'occupe de lui, le nourrit, le berce, quelle qu'elle soit. Cette énergie qu'il met à s'attirer ses bonnes grâces est fondamentale, entraînant de la part du parent un attachement réciproque. Aujourd'hui, évolution de la société oblige, on constate que le bébé peut avoir plusieurs figures d'attachement, car le père est souvent très investi dans le maternage, la nounou

et les grands-parents également. L'enfant peut ainsi s'appuyer sur plusieurs d'entre elles, ce qui est une chance en cas de défaillance de la mère. De la qualité de ces relations primaires au cours des deux premières années de l'enfant va dépendre en grande partie sa sécurité affective, cette sécurité interne – ou insécurité – dont il fera preuve une fois adulte. Même si tout ne se joue pas avant 2 ans, ces premiers liens vont influencer la personnalité de l'enfant. Sur la scène de l'amour, les protagonistes jouent chacun leur rôle. Certains bébés souriants se consolent facilement, se montrent plus réceptifs aux marques de tendresse que d'autres. De leur côté, les parents sont plus ou moins capables de décoder les signaux envoyés par le bébé, de répondre à ses sollicitations de façon adéquate, sans être trop stimulants ni trop distants, bref, d'engager un ballet de communication harmonieux. À l'inverse, les bébés agités attirant sans cesse l'attention du parent provoquent un agacement, et ce dernier va finir par lui répondre de façon agressive, dans une spirale d'énervement réciproque. Par ailleurs, lorsque les absences de la mère ou de la figure d'attachement sont trop prolongées, que les réactions sont imprévisibles, incohérentes, elles créent un climat d'insécurité interne chez l'enfant. On observe souvent ce phénomène lorsqu'une mère est déprimée et ne parvient pas à être réceptive à son bébé. Même si elle s'en occupe tant bien que mal, elle adopte un comportement mécanique, sans véritable réaction sur le plan émotionnel. D'autres mères ne supportent pas que leur bébé pleure, les cris les renvoient peut-être à une enfance difficile : elles finissent par vivre leur bébé comme un persécuteur et reproduisent, à leur insu bien souvent, ce qu'elles ont subi elles-mêmes.

Des conséquences sur le lien amoureux

Dans ces cas-là, on comprend que le lien d'attachement ait du mal à s'établir. Plus tard, ces bébés risquent de reproduire à l'âge adulte le mécanisme relationnel qu'ils ont connu : le seul moyen qu'ils ont pour tester la solidité du lien est d'être désagréables et agressifs. Paradoxalement, ils font fuir celui qu'ils aimeraient retenir de peur qu'il ne s'en aille...
Méfiants, ils répètent le passé avec leur partenaire qu'ils choisissent insécurisant, aussi instable que l'ont été leurs parents. De façon inconsciente, ils cherchent à rejouer la même scène pour tenter de réparer cette douleur vécue dans l'enfance. Par fidélité à cette mère insécurisante, il leur est encore préférable de penser que tout le monde agit de la même manière, ce qui est une façon de se réconcilier avec elle, de ne pas porter d'accusation, tant il est toujours très douloureux de rejeter ses parents...
De ces liens précoces autour de la nourriture va donc dépendre la qualité de nos relations avec les autres, notamment notre vie amoureuse. C'est intéressant de mener votre petite enquête : quel type de bébé étiez-vous ? Qu'en dit votre mère ? Se plaint-elle que vous étiez un bébé difficile, inconsolable ? Ou bien trop sage pour ne même pas oser manifester un peu de désaccord ?

Nourriture et amour : une évolution en miroir

Tout au long de notre vie, nous allons voir que nous aimons comme nous mangeons.
Bébé, notre alimentation est assez monolithique : le lait et le lait ! La source d'amour aussi : maman et papa, que l'on aime de façon absolue. En grandissant,

la nourriture devient plus élaborée, tout comme nos sentiments. En même temps que nous découvrons de nouvelles saveurs, de nouvelles textures, nous expérimentons de nouvelles façons d'aimer et de nous attacher. Nous découvrons l'amour fraternel, celui que nous portons à notre nounou, à nos grands-parents, bref, la palette de sentiments amoureux se nuance, tout comme se développent nos goûts alimentaires.
Puis vient le temps de la complexité des sentiments, avec nos premiers rejets. Un enfant de 1 an ou 2 a déjà ses têtes, attirance ou répulsion qui se retrouve dans l'assiette et s'accompagne d'une méfiance pour la nouveauté. À la période œdipienne, l'enfant de 3 ou 4 ans mange différemment en fonction de la personne avec qui il est. La petite fille veut déjà ressembler à sa maman et mange comme elle. Ou elle se met en rivalité avec elle et mange plus ou moins, sans parler de celle qui veut préparer à manger à son papa chéri ! Vers 7-8 ans, à la période de latence, nouvelle évolution : on assiste à une certaine stabilité affective. On aime papa et maman, on a des copains, on est curieux de la vie. Une même bulle d'apaisement s'observe dans les goûts alimentaires : l'enfant connaît les aliments qu'il aime, ceux qu'il aime moins, sans que ce soit source de stress, à moins que les parents ne soient trop interventionnistes sur le contenu de son assiette. Si la quantité évolue au fur et à mesure qu'il grandit, jusqu'à 10-11 ans, les goûts restent relativement stables.
À l'adolescence, branle-bas de combat ! Les goûts alimentaires se modifient, en même temps que l'adolescent prend de la distance avec ce qu'il aimait jusque-là, nous allons y revenir longuement. Les pulsions alimentaires comme les pulsions amoureuses sont anarchiques, ou à l'inverse trop maîtrisées, par réaction. Il faudra attendre qu'il atteigne l'âge adulte pour voir à nouveau ses préférences alimentaires se

marquer, tout comme ses sentiments auront tendance à se stabiliser. Bref, l'évolution de notre relation à la nourriture suit étroitement notre façon d'aimer.

Le plaisir partagé

Dès notre naissance, la faim est là, douloureuse, qui fait pleurer et même hurler le bébé s'il n'est pas nourri assez vite. Heureusement, les adultes, sensibles à ses cris de détresse, viennent soulager cette tension sans trop attendre. La montée de la glycémie, puis l'apaisement agréable de la tétée rythment les journées du nouveau-né. C'est ainsi que nous découvrons tous le plaisir, par la suppression de la douleur procurée par la faim. En même temps que nous sommes alimentés, nous sommes pris dans les bras, cajolés, et le repas est immédiatement associé à la chaleur, au corps à corps, aux paroles douces, à une odeur rassurante. Nourris, nous ne sommes plus tout seuls, c'est le moment où l'adulte maternant nous prend dans les bras, aussi allons-nous faire très tôt cette association entre prise alimentaire et amour. D'autant que la personne qui nous nourrit manifeste aussi son plaisir, à moins qu'elle ne soit déprimée. Soulager un bébé qui pleure procure une grande satisfaction : d'abord parce qu'il cesse de nous casser les oreilles – ne minimisons pas ce détail ! –, mais aussi parce que nous nous projetons en lui, dans le bien-être que nous lui procurons, renforçant notre sentiment d'être utiles, compétents. Par mimétisme, nos propres lèvres bougent un peu, notre tête accompagne les mouvements du bébé. Ce plaisir maternel décuple le plaisir de l'enfant, d'autant que la mère libère de l'ocytocine, cette fameuse hormone de l'attachement. Bref, se crée un cercle vertueux dans lequel mère et bébé ressentent un plaisir simultané, lequel renforce encore leur lien. Nous apprenons donc à avoir du plaisir à travers le plaisir de l'autre : plus nous avons été nourris avec amour, plus nous nous montrerons capables par la suite d'avoir du plaisir pour l'autre, une qualité hautement importante dans l'art d'aimer.

Allergique, vraiment ?

Six mois semble être le bon âge plutôt que quatre pour introduire la diversification et limiter ainsi les allergies alimentaires, même si ces dernières ont bon dos ! Désormais, on crée des pathologies là où il n'y a qu'une période un peu chaotique. Le danger venant de l'extérieur est mieux accepté, il ne remet pas trop en question... Le problème du diagnostic d'allergie alimentaire mal posé laisse à penser que certains aliments ne sont pas bons pour nous, voire dangereux : nous avons grandi dans ce climat de méfiance vis-à-vis de la nourriture. N'osant plus élargir notre palette de goûts, nous nous cantonnons à une alimentation monotone, ce qui nous incite à manger à l'excès. Plus ennuyeux encore, cette méfiance risque de se reporter sur les autres et de contaminer nos relations affectives. À l'inverse, ceux qui avalent n'importe quoi sans discernement vont faire confiance au premier venu et ne pourront être que dans la déception, ce qui n'est guère mieux...

Une séparation trop précoce

Si les troubles de l'alimentation peuvent prendre leur source lors de la diversification alimentaire, c'est encore plus souvent le cas lorsqu'elle s'est accompagnée d'une séparation trop brutale, quand la mère a repris très tôt son travail par exemple. On sait que sa mise en place trop précoce favorise la prise de poids : est-ce de nature physiologique ou psychologique ? Les deux, probablement. Nous vivons un curieux paradoxe : d'un côté, nous voulons que nos jeunes enfants se débrouillent seuls de plus en plus vite ; de l'autre, nous restons accrochés à nos adolescents, bien au-delà du raisonnable, les empêchant de prendre leur envol. On confie son bébé de deux mois à une personne que l'on connaît à peine, et on rechigne à laisser sortir son jeune de 15 ans après 21 heures, alors qu'il est bien plus en mesure de se défendre ! Malheureusement, décoller un enfant de soi au moment où il n'y est pas prêt le fragilise. C'est comme si nous voulions à tout prix faire marcher un bébé de sept mois : c'est très violent et laisse des séquelles sur le plan émotionnel et affectif. L'autonomisation se niche davantage dans la réponse aux besoins affectifs que dans la satisfaction des besoins alimentaires, mais certaines mères ont tendance à l'oublier. Est-ce que c'était le cas dans votre petite enfance ? Cela mérite de mener votre enquête.

3

LE RÔLE DES PULSIONS

La relation entre nourriture et amour est fortement influencée par la façon dont nous avons appris à gérer nos pulsions au cours de l'enfance.

J'avale, j'écoute, je sens : le rôle de la pulsion orale

La pulsion orale se construit autour du besoin physiologique de la faim, mais pas uniquement. Si le bébé porte tout à la bouche, c'est qu'il a le sentiment que dès qu'il y introduit quelque chose, il est soulagé et fait connaissance avec. Il établit des liens avec la langue, les lèvres, le palais. Toutefois, même si l'oralité démarre par cette zone très innervée, elle concerne également les sons que le bébé entend en déglutissant, l'odeur du lait et le parfum de sa mère qu'il respire, autant de sensations qui participent à la construction de son être vivant. Le bruit des premiers aliments craquants sous la dent relève également de la pulsion orale. C'est donc tout ce qui pénètre à l'intérieur de nous qui s'apparente à cette pulsion et nous verrons plus loin qu'écouter un disque peut parfois être d'un grand recours pour calmer notre faim, au lieu de nous ruer sur un paquet de gâteaux.

Des sentiments et une alimentation élaborés

Aimer quelqu'un de façon élaborée, c'est avoir le plaisir de le toucher, de l'écouter, de le sentir, de le goûter, de le côtoyer, tout l'inverse d'un amour fruste, qui se manifeste uniquement de façon primaire, en se jetant sur l'autre pour faire l'amour sans préliminaires. C'est un peu la même démarche quand il s'agit de manger de façon élaborée : on y pense avant, on prépare des plats dans sa tête, on cuisine puis enfin on déguste : rien à voir avec le fait d'ouvrir le frigo pour manger ce qui nous tombe sous la main. Or, si nous avons manqué d'un amour gratifiant, cette élaboration sera plus difficile : la plupart des prises de poids sont dues à des prises alimentaires non préparées, non pensées. Soit parce que nous nous jetons sur la nourriture, soit parce que nous mangeons toujours la même chose, à l'excès, ce qui nous fait grossir. N'est-ce pas ce que l'on constate chez la personne boulimique, capable d'avaler une boîte de raviolis non réchauffés, à même la boîte de conserve ? Elle se déteste autant qu'elle déteste ce qu'elle met à l'intérieur de son corps et essaie ensuite de faire ressortir aussitôt ces aliments honnis en vomissant. À l'inverse, plus nous mangeons de façon élaborée, moins nos repas sont caloriques, moins nous engloutissons, plus nous restons minces. Nous allons y revenir dans la deuxième partie du livre.

La capacité d'attendre un peu...

Ce qui caractérise encore les prises de poids ? L'impulsivité. Votre parent maternant laissait-il la faim s'installer ou vous proposait-il systématiquement à manger quand quelque chose n'allait pas bien ? Dans ce cas, vous avez sans doute du mal à différencier vos états psychologiques de la faim véritable, mais aussi vous ne réalisez pas que vous pouvez vous apaiser autrement qu'en mangeant. C'est très important d'en prendre conscience. Petite, avez-vous appris à attendre ou votre mère, trop angoissée à l'idée de vous voir souffrir, n'apportait-elle qu'une seule réponse à vos cris, la nourriture ? Si c'est le cas, il n'est guère étonnant que vous ayez du mal aujourd'hui à patienter.

« Un tien vaut mieux que "deux tu l'auras" ».
Mais peut-être y a-t-il eu un moment dans votre vie d'enfant où vous vous êtes dit : « Je ne suis pas sûre de ce qui va m'être donné », et pas seulement sur le plan alimentaire ? En vous règne une étrange confusion. Une mère qui disparaît et réapparaît sans logique, se montre aimante, puis distante, crée un réel sentiment d'insécurité chez son bébé. Ou bien, lorsque des soucis l'empêchent d'être présente, son enfant ne sait jamais comment il va la trouver. Alors, quand elle se montre affectueuse, l'enfant en profite, ne sachant pas de quoi sera fait le lendemain. Cette attitude se retrouve sur le plan alimentaire : je mange quand il y a à manger, tout ce que je peux avaler ; demain, y aura-t-il encore quelque chose ? Jamais tranquille, j'accumule des réserves d'amour et de nourriture, je ne me fais pas avoir...

Des modèles impatients

Notre difficulté à différer nos prises alimentaires peut venir également de notre entourage. Vos parents étaient-ils toujours dans l'impulsivité, incapables de reporter un plaisir ? Vouloir être satisfait immédiatement est normal quand on est un bébé en proie à la faim, mais en grandissant, nous apprenons en général à patienter. Or nous ne sommes pas dans une époque qui valorise cette qualité. Nous trépignons si on ne nous répond pas tout de suite au téléphone, nous sommes incapables de résister aux sollicitations d'attendre la sortie d'un film, préférant le télécharger. Si, en Afrique, la population ne connaît pas l'obésité, ce n'est pas uniquement parce que la nourriture manque mais parce que le rapport au temps est très différent, personne ne réagit dans l'immédiateté. Cette capacité à attendre, à rêver, est malmenée par nos nouveaux modes de vie, où un flot d'images vient tout de suite obstruer notre capacité à imaginer. On sait que le bébé imagine sa mère entre deux tétées, sauf qu'aujourd'hui, dès qu'il a 2 ans, on le met devant un dessin animé pour le faire patienter, ce qui risque d'accroître encore l'obésité, bien plus que les paquets de gâteaux du goûter...

Je donne, je retiens : le rôle de la pulsion anale

Quand l'enfant prend conscience du fonctionnement de son corps, il s'appuie sur cette connaissance pour comprendre sa relation aux autres. En se rendant compte que les aliments entrent dans son corps, il découvre également qu'ils en ressortent ensuite sous forme d'urine et d'excréments, mais ce qu'il découvre surtout, c'est son extraordinaire pouvoir sur ces sorties ! Comment ses premières productions ont-elles été accueillies ? Sa maman se bouchait-elle le nez ? Applaudissait-elle ? Jetait-elle le contenu du pot dans les toilettes sans commentaire ? Autour du pot se jouent des éléments précurseurs de notre relation aux autres.

Avons-nous envie de nous exprimer ou bien tentons-nous de garder tout pour nous, comme avec les aliments ? Cette étape d'apprentissage n'est pas sans lien avec la capacité future à sortir des choses de soi, que ce soit des paroles de chanson, des textes, des peintures ou des plats mijotés. Êtes-vous capable d'offrir aux autres des productions qui leur font plaisir, tel le contenu du pot offert en cadeau à maman, ou bien avez-vous tendance à tout retenir, comme vous le faisiez petite, une arme commode pour embêter maman ? La période de l'éducation à la propreté influence la manière dont l'enfant plus tard entretiendra ses relations aux autres, notamment ses relations affectives. Vouloir posséder l'autre ou le rejeter, autant de façons de se conduire qui prennent racine au cours de ces années-là. Quand l'éducation à la propreté est conduite de façon trop rigide, elle favorise et accentue ces mouvements affectifs brutaux.

Je teste l'exercice du pouvoir

Notre future vie amoureuse prend ses racines dans la découverte de notre corps. Lors de la période du contrôle sphinctérien, nous testons notre pouvoir sur notre corps, mais aussi notre pouvoir sur l'autre. Et cette maîtrise est contemporaine de l'apparition de la fameuse phase d'opposition ! L'enfant commence à comprendre qu'il est un être singulier : grâce à ce pouvoir de dire « non », il affirme son existence, ne sachant pas trop encore à quoi dire « oui ». Cette nouvelle puissance se retrouve autour des aliments. Il va secouer la tête devant la purée de légumes, non parce qu'il n'a pas faim, mais pour bien marquer son territoire : ne rentrera en moi que ce que je décide ! Il teste ainsi sa capacité de résistance, d'autonomie. Souvent, son attitude est liée à la personne qui le nourrit, sans que ses réactions soient très organisées : il ne sait pas trop pourquoi il refuse ou accepte, mais une chose est sûre, c'est qu'il souhaite avoir désormais la maîtrise de ce qu'il avale. Cette période est fondamentale : l'enfant découvre son pouvoir à manipuler l'autre et les attitudes que son comportement déclenche dans son entourage auront des conséquences affectives plus tard. Et vous, quelle était la position de vos parents quand vous avez commencé à vous opposer, que ce soit à table ou ailleurs ? Est-ce que c'était le bras de fer, est-ce qu'on vous forçait à finir votre assiette, à goûter de tout, même ce qui vous répugnait ? Par la suite, vous avez pu avoir tendance à répéter ce schéma, à être sans arrêt dans le rapport de force avec l'autre, ou bien au contraire, dans la soumission. Mais peut-être aviez-vous le droit de manger tout ce que vous vouliez ? Cette liberté totale a pu développer chez vous un sentiment de toute-puissance dont vous n'êtes pas forcément consciente, mais qui vous empêche de rencontrer réellement quelqu'un. C'est en apprenant à maîtriser nos pulsions que nous arrivons à maîtriser la relation à l'autre et cet autocontrôle nécessite du temps pour se mettre en place. Il est coutumier de dire que les personnes fixées au stade oral sont souvent dépendantes, ont besoin d'être constamment nourries par l'autre, tandis que les personnes dites anales sont dans le besoin de posséder l'autre. Est-ce si sûr ? Certes, ces dernières sont apparemment moins dépendantes, mais elles ont un furieux besoin d'exercer leur emprise, ce qui est une forme de dépendance. Là encore, la réaction des parents est fondamentale. S'ils évitent la guerre sans merci ou la capitulation sans résistance et optent pour la négociation – le lâcher prise par moments, la fermeté quand elle est nécessaire –, gageons que l'enfant ne restera pas fixé de façon monomaniaque à l'une ou l'autre de ses pulsions.

Pistolet ou baguette magique ?

Tout comme la pulsion orale ne se résume pas à la nourriture, la période anale déborde largement le cadre du seul contrôle sphinctérien. Ainsi, le plaisir pris par le petit garçon à sentir son urine jaillir de son sexe, tel un pistolet laser, est en relation avec la pulsion anale. Ce n'est pas étonnant que le jeu du pistolet à eau soit particulièrement prisé vers l'âge de 3 ans... Et la petite fille ? Elle aussi a des jeux de projection grâce à la baguette magique qui attrape et agit à distance, c'est en lien avec cette découverte : des éléments sortent de son corps et restent sous son pouvoir. Où l'on voit que la polémique sur les panoplies de fée pour les filles et les pistolets pour les garçons est bien vaine, quand on oublie de relier ces jeux au besoin, chez l'un comme chez l'autre, de maîtriser son environnement !

L'agressivité, c'est la vie !

L'agressivité est souvent liée à la période anale. Pourtant, elle n'attend pas ce stade pour se manifester ! Elle débute dès que le bébé se rend compte qu'il peut détruire ce qu'il met dans la bouche, c'est-à-dire dès qu'il croque des aliments solides, ce qui est concomitant de la poussée dentaire. Jusque-là source de plaisir, cette zone du corps devient douloureuse et le bébé n'a plus qu'une envie : mordre ! La morsure le soulage, lui donnant du plaisir et donnant du mordant à la vie. Cela dit, l'agressivité n'a pas attendu cette étape pour se déployer : elle est dans les cris rageurs du nouveau-né, la vie elle-même n'est-elle pas agressive ? Il nous faut pousser les autres pour prendre notre place ! Dans la pulsion anale, l'agressivité se manifeste dans la rétention, pour frustrer maman qui attend que son petit fasse dans le pot : je ne le donnerai que quand j'en aurai envie, moi ! Je me ferme pour me fermer à l'autre. Parfois encore, l'agressivité se traduit par un excès de nourriture, une façon d'accumuler et de détruire : on grossit de ce combat-là. Ce sont souvent des personnes à qui l'entourage n'a pas autorisé l'expression d'une naturelle agressivité, d'une agressivité socialement acceptable. La seule possible reste d'engloutir. Votre parent était-il incapable d'accepter une dose d'agressivité, si minime soit-elle ? Était-il trop fragile ou trop déprimé pour que vous vous risquiez à le fragiliser encore plus ? Trop manger est alors en lien avec une colère étouffée, de peur de blesser l'autre. Peut-être encore viviez-vous dans un univers sans stimulations, sans paroles, sans divertissements ? Trop livré à vous-même, l'agressivité se limitait aux aliments, faute de combattant. Plus tard, vous êtes peut-être devenue une « gentille ronde », et la peur de devenir méchante vous retient sur le chemin de la minceur. Il est vrai qu'à l'instar de Maléfique, dans l'imaginaire collectif, les femmes maigres ont été longtemps des méchantes renfrognées, tandis que les bonnes fées étaient rondouillardes et souriantes. Beaucoup de femmes grossissent de colère retenue, parce qu'elles imaginent que si elles ouvraient les vannes, elles seraient submergées par leur agressivité. En devenant la boule qui roule sans amasser mousse, elles vont là où on les pousse, sans opposer de résistance. Mincir sera tout l'enjeu pour s'affirmer comme sujet autonome, pour revendiquer ses propres désirs.

Est-ce que tu m'aimes encore ?

Encore une étape de la petite enfance qui peut expliquer la prise du poids : la non-résolution du complexe d'Œdipe. L'enfant qui ne parvient pas à s'émanciper affectivement de ses parents peut faire preuve d'une certaine immaturité sur le plan alimentaire, désireux de rester un gros bébé dépendant. Souvent, l'enfant se met à grossir vers 4 ans, le médecin le met au régime, mais il ne maigrit pas, parce qu'il va se nourrir entre les repas. Tant que le problème œdipien ne sera pas traité, il prendra du poids. Même problème lorsque la jalousie à la naissance d'un petit frère ou d'une petite sœur ne peut s'exprimer : croquer dans des aliments servira de dérivatif pour calmer le chagrin, l'angoisse de ne plus être autant aimé. Ces difficultés se fixent sur la nourriture parce que les repas sont le moment qui unit la famille. Tout ce qui relève de l'interaction familiale peut se traduire par ce plus petit dénominateur commun. C'est ainsi qu'une fillette va se mettre à grossir dans une famille où toutes les femmes sont rondes, pour en faire partie justement. Elle n'est pas forcément malheureuse ni angoissée, elle veut juste s'identifier à elles, manger ne sert qu'à être ronde. Parfois, cette identification peut sauter une génération : la petite fille s'identifie à une grand-mère. Bien des comptes avec la mère se règlent à travers l'apparence : « Tu es mince et tu passes ta vie au régime ? Moi, je suis ronde, comme mamie. »

Faim de savoir

Depuis Freud, on sait que le tout-petit connaît déjà des émois amoureux, notamment au cours du complexe d'Œdipe et des jeux sexués qui l'aident à s'approprier son corps. Mais, entre 6 et 11 ans, l'enfant devient soudain pudique : c'est la période de latence, où l'intérêt pour la sexualité est mis de côté pour qu'il puisse s'ouvrir aux apprentissages. Les goûts des enfants sont stables sur le plan alimentaire, c'est le temps où ils s'intéressent à l'alimentation de façon distanciée, commencent à cuisiner, se renseignent sur la composition des aliments, sont curieux de savoir où pousse le chocolat et qui a inventé les spaghettis. C'est tout un savoir nouveau que le jeune enfant acquiert, au même titre qu'il sait tout sur les dauphins et les dinosaures. D'ailleurs, à l'école, c'est l'âge où il apprend le rôle de la digestion. Une stabilité s'installe, tant sur le plan alimentaire qu'affectif. Toutefois, si survient un événement douloureux – maladie, deuil, divorce des parents –, il risque de retourner vers la période œdipienne, de trouver une consolation dans la nourriture sucrée et abondante. Les parents, souvent culpabilisés en cas de séparation, laissent s'installer un surpoids qui a peu de chances de disparaître avant la puberté. Il est intéressant de vous retourner sur votre histoire : à quel moment avez-vous commencé à prendre du poids ? À la naissance d'un petit frère ? au divorce de vos parents ? au déménagement qui vous a séparée d'une nounou que vous adoriez ?

Des interdits qui pèsent lourd

Lors de la période de latence, les enfants sont curieux de tout, nous l'avons dit, sauf s'ils sentent planer un secret sur la famille... Au lieu de montrer de l'appétit pour la vie, pour l'art, la science, le sport, ils se referment sur eux et mangent. Toute curiosité autour de la sexualité peut également être interdite, sans que les parents aient eu à prononcer un seul mot : le sujet n'est jamais abordé, tout simplement. Malheureusement, ce silence fait que l'enfant s'interdit tous les autres questionnements. Son désir corporel étant bloqué, il se réfugie dans le seul désir qui ait l'air acceptable : celui de manger. Il devient gros de ne pouvoir exprimer ce qui l'interroge, les questionnements qui l'agitent. L'absence d'interdits peut peser tout aussi lourd : les parents qui ne disent jamais non aux bonbons ni aux hamburgers creusent le lit de l'obésité. L'éducation consiste à apprendre à différer ses envies, mais il semble que certains parents n'y parviennent pas plus que leurs enfants, malheureusement ils sont leurs premiers modèles...

Kilos et repas de famille

Certains modes de vie favorisent les mauvaises habitudes alimentaires, et donc la prise de poids. Autrefois, les grignotages étaient interdits tout simplement parce qu'il fallait avoir faim au repas. On mangeait à heures fixes, il fallait faire honneur au plat préparé souvent avec amour. Pas question non plus de sauter un repas ou d'avaler un plateau devant la télé ou l'ordinateur. Quelle éducation avez-vous reçue ? Si les plus de cinquante ans ont pu connaître la privation de dessert quand elles faisaient des bêtises, depuis quelques années le libre accès au frigo est de mise dans presque tous les domiciles. Cette déstructuration des repas a pour conséquence que nous ne savons plus très bien quand nous avons faim. Des études montrent que les jeunes qui ne prennent pas de petit déjeuner le matin ont tendance à être plus gros que les autres. Mais ce n'est pas qu'une question de calories, l'aspect relationnel joue aussi. Les mammifères dont nous faisons partie aiment manger ensemble, nous ne sommes pas des scorpions qui n'éprouvent aucun besoin d'être collés aux autres ! Ainsi, prendre le petit déjeuner en famille est un temps de réassurance, on se sent appartenir à un groupe chaleureux avant d'aborder le monde extérieur. Forts de cet apport, de cette nourriture concrète et affective, nous éprouvons moins le besoin de grignoter ensuite. Malheureusement, les temps informels avec les parents se réduisent – en rentrant, chacun se plante devant son ordinateur – et il ne reste bien souvent que le repas, quand il est maintenu, pour échanger. Sauf que ce moment qui devrait être un moment de détente et de partage ne l'est pas toujours parce que les parents ressortent les conflits autour de la scolarité ! Notons au passage que ces derniers sont de plus en plus éducateurs, toujours sur le dos de leurs enfants pour leurs devoirs ou pour qu'ils mangent sainement, mais passent de moins en moins de moments sympas avec eux... Or nous avons vu l'importance du climat apaisé autour de la prise d'aliments chez le bébé, besoin qui se poursuit bien au-delà jusqu'à l'adolescence. Le repas garde une dimension affective, nous aimons rarement manger seuls, sauf en cas de troubles alimentaires, où, effectivement, on s'affame ou l'on dévore à l'abri des regards. Ou encore quand nous sommes dans une maîtrise totale de notre image : en mangeant, nous lâchons prise, nous nous contrôlons moins et pouvons avoir l'impression de dévoiler une partie de notre intimité.

Manger, un plaisir coupable...

Le plaisir alimentaire est aujourd'hui devenu coupable. Dans le célèbre film de Marco Ferreri, *La Grande Bouffe,* une scène montre une inversion des codes, des culpabilités et des pudeurs : les acteurs s'enferment aux toilettes pour manger et font leurs besoins aux yeux de tous.

Si longtemps on s'est senti coupable de ne pas assez manger, maintenant, c'est l'inverse. À trop satisfaire nos pulsions, nous passons pour une personne qui ne sait pas se contenir. Est-ce que je vais savoir où m'arrêter ? Mais c'est toute l'éducation qui nous apprend cette juste mesure, sans trop de retenue, sans trop de lâchage non plus. Jusqu'où aller ? C'est comme arriver au bord du gouffre. À un moment donné, manger est bon, puis on bascule dans l'angoisse, un peu comme lorsque l'enfant ne rencontre aucun interdit, aucune limite à ses caprices : à la satisfaction succède le malaise et ce qui était source de plaisir ne l'est plus. C'est la fameuse phrase « quand je commence, je ne peux plus m'arrêter » que l'on connaît tous quand on plonge la main dans un bol de cacahuètes à apéritif. Quand le plaisir devient-il coupable ? Quand le surmoi – cette partie du psychisme qui représente les règles transmises par l'entourage – se manifeste. Les attentes de l'entourage, les obligations, la bienséance viennent nous rappeler à l'ordre, aux dépens de la passivité du plaisir. Mais ce sont les limites qui donnent du désir et structurent notre plaisir. Sans elles, nous ne savons plus très bien ce qui est possible ou pas, nous ne nous sentons plus du tout contenus, donc protégés.

La gourmandise est devenue à nouveau un péché. Il n'y a pas si longtemps tous les plaisirs du corps et la satisfaction des désirs étaient mal vus – il ne fallait pas se masturber, pas trop danser, pas trop dormir –, nous portons encore en nous cet héritage. Toutefois, si ces interdits-là sont battus en brèche, l'un d'entre eux s'est déplacé : aujourd'hui, il ne faut plus trop manger pour ne pas grossir. Dans l'enquête d'Eve Ensler[1], certaines femmes avouent qu'elles préféreraient perdre un membre plutôt que de prendre quinze kilos. Où est l'être humain pour elles ?

1. Eve Ensler, *Un corps parfait*, Denoël, 2007.

Savoir se tenir et se retenir

Autrefois, les bourgeois avaient une consigne : il fallait savoir se tenir ! Aussi étaient-ils respectés. Aujourd'hui, jamais nous n'avons assisté à un tel mépris de la pauvreté. Les bourgeois n'ont plus de devoirs, ils ne se sentent que des droits, dont celui de céder à toutes leurs pulsions. Ils ne savent plus se tenir ni se retenir. Il nous est plus difficile de nous freiner si nos parents avaient du mal à se mettre eux-mêmes des freins. Dans quel domaine vos parents ne se tenaient-ils pas ? À table ? en se lançant des injures ? en se promenant ostensiblement nus devant vous ? Avez-vous appris le sens de la mesure ? Un bonbon, c'est bon, le paquet, ça devient vite écœurant et ne procure que des maux de ventre. Savoir se faire plaisir sans aller trop loin, c'est tout l'enjeu de l'éducation. Si vous n'avez pas bénéficié de cet apprentissage, il n'est jamais trop tard, nous allons longuement y revenir dans la deuxième partie de cet ouvrage.

4

L'ADOLESCENCE : UNE PÉRIODE À HAUTS RISQUES

Chaque âge soulève des problèmes particuliers vis-à-vis du poids, mais l'adolescence est une période critique. Vous souvenez-vous de la vôtre ?

Le grand chantier !

La puberté déclenche une croissance physique, de nouvelles connexions neuronales, et donc de nouvelles capacités cognitives, lesquelles vont entraîner des modifications dans les goûts, la façon d'aimer, de voir le monde. En bref, l'adolescent se met à penser différemment et tout ce chantier va avoir bien souvent des répercussions sur son poids. Certains, plutôt rondouillards durant l'enfance, vont s'affiner, tandis que des plus minces vont se mettre à grossir. Il n'est pas facile de distinguer ce qui relève de la prise de poids physiologique – le bouleversement hormonal peut entraîner un léger surpoids passager – et psychologique, tant ces deux facteurs sont liés. En effet, l'inquiétude devant les changements brusques, la modification de l'image corporelle et de la représentation de soi favorisent souvent le stockage de graisse. Sans compter que peu sûr de son pouvoir, de ses contours, l'adolescent se sent tout petit à l'intérieur de sa grande carcasse : grossir peut lui donner l'impression d'avoir du poids face à un sentiment d'insignifiance...

Tout le temps faim !

Physiologiquement, ces transformations entraînent un besoin calorique important, les hormones de l'appétit étant stimulées par la croissance. Incontestablement, l'adolescent mange en plus grande quantité, sans qu'il y ait toujours une régulation entre ses besoins et ses apports. À certaines périodes, il est actif, dynamique et dépense sans souci ce surplus de calories ; à d'autres, il devient apathique, bouge peu et, en absorbant la même quantité de nourriture, il se met à grossir. Il faut savoir qu'à l'adolescence, il y a une réactivation de la période orale, de l'envie de manger, une soif de vivre tous sens en éveil ! Cet appétit sensoriel débordant peut se traduire par une curiosité tous azimuts, une recherche de stimulations par les sons, la musique, les odeurs, les contacts physiques, mais aussi par le besoin de mettre des choses en bouche : de la nourriture, des chewing-gums, des cigarettes... Cet appétit est à l'origine d'une certaine gloutonnerie et d'une dérégulation des prises alimentaires : les adolescents mangent en dehors des repas, se lèvent la nuit pour vider le frigo. C'est un peu comme s'ils redevenaient des bébés qui ont faim toutes les trois heures, à quoi s'ajoute la volonté de fuir le rituel du repas en famille et d'embêter leur mère si accrochée à l'équilibre alimentaire !

Manger pour calmer les angoisses

L'adolescence est une période de grande insécurité. Et qui dit insécurité dit mécanisme de défense, dont le plus accessible reste de manger pour calmer ses angoisses devant ces transformations incontrôlables, l'avenir incertain. Même s'ils sont aujourd'hui annoncés, attendus, les changements auxquels l'adolescent assiste impuissant, notamment ses changements internes, le rendent souvent ambivalent. Surpris de ne plus avoir les mêmes goûts, de ne plus être autant attaché aux personnes qu'il aimait, étonné, voire mal à l'aise, d'avoir des sentiments hostiles pour ses parents, il assiste à une sorte d'inquiétante dépersonnalisation, angoisse qu'il cherche à calmer en mangeant comme lorsqu'il était bébé. Lors de la baisse de son taux de glycémie, le nouveau-né est en proie à un malaise qui ressemble à l'angoisse et que seul le biberon ou le sein peut parvenir à soulager instantanément. L'adolescent a gardé en mémoire cette équation tension/apaisement liée à l'alimentation. Ajoutons enfin que, lorsque nous mangeons, nous ne pensons pas, encore moins pendant la digestion. Après un bon repas, les prises de tête s'évanouissent, voilà qui est momentanément réconfortant pour l'adolescent.

Des pulsions difficiles à canaliser

À l'inverse, l'adolescent peut essayer de maîtriser les pulsions qui l'envahissent et l'effraient. La nourriture est utilisée alors pour combler de nouveaux besoins, de nouveaux désirs, amoureux et sexuels notamment. Bébé, il arrivait que la nounou lui donne à manger parce qu'il pleurait alors qu'un câlin l'aurait apaisé. Devenu ado, et ne voulant plus des câlins de ses parents, il va manger parce que personne n'est là pour le cajoler. Les frustrations amoureuses, si fréquentes à cet âge, sont responsables de nombreuses variations de poids. La nourriture calme encore d'éventuelles pulsions agressives qu'il ne parvient pas à maîtriser autrement. L'ado peut aussi chercher à éviter le contact, s'isoler, dompter ses envies alimentaires et se laisser maigrir au-delà du raisonnable, comme le font les anorexiques. Cette tension face au bouleversement pulsionnel se traduit souvent par des comportements extrêmes vis-à-vis de la nourriture, surtout chez les filles qui alternent tendance anorexique et tendance boulimique. Est-ce que c'était votre cas ? Avez-vous tenté à cet âge de maîtriser votre corps et votre poids avec plus ou moins de succès ? Étiez-vous inquiète de vos formes, de l'élargissement de votre bassin ? Autrefois, ces signes étaient accueillis avec joie, témoins de la féminité, mais depuis plusieurs décennies, les formes sont devenues source d'angoisse, la crainte de perdre la ligne l'emporte sur le plaisir de devenir femme. De façon très étrange, l'accès à la féminité, à la séduction, passe par la négation de ses signes. D'où vient ce rejet ? L'adolescente vit-elle ce passage comme un état passif, aujourd'hui dévalorisé également chez les filles ? Ou est-ce tout simplement parce que la société tout entière rejette le surpoids, est dégoûtée par le gras ? Seules les rondeurs de la maternité sont acceptées, au point que les femmes déclarent être plus rassurées par une nounou ronde que par une mince ! Alors qu'elles sont totalement normales, les jeunes filles rejettent ces formes qu'elles vivent comme un fléau et dont elles veulent se débarrasser. S'installe alors une sorte de rigidité, de dysmorphophobie, que l'on retrouve à la ménopause où les femmes ne supportent plus de prendre trois-quatre kilos, nous y reviendrons plus loin. Et du côté des garçons ? Ils sont souvent patauds, acceptent plus volontiers de se lâcher. Alors qu'autrefois les hommes étaient rigides et les femmes plutôt dans la rondeur, on assiste désormais à une inversion au niveau non seulement de l'alimentation mais aussi des études : les filles s'accrochent et sont plus performantes. Les notions de mou et de dur sont-elles en train de changer de camp ?

La cérémonie des adieux

Adieu à son corps, adieu à ses parents, adieu à ses goûts, autant de ruptures plus ou moins bien vécues par l'adolescent. Si certains ont du mal à quitter l'enfance, d'autres y voient une deuxième chance. Cette différence est souvent observée dans l'enfance entre les enfants qui veulent rester bébés et ceux qui ont hâte de grandir. Alors que ces derniers, ravis de se décoller, vont perdre du poids, aller de l'avant, les autres vont tout faire pour garder leurs rondeurs enfantines et leur mère sur leur dos, car c'est elle qui est associée à la nourriture. Conserver son corps d'enfant, c'est rester en terrain connu, à l'instar de l'adolescent qui ne se lave pas et préfère garder ses odeurs, trouvant là une façon de ne pas perdre sa peau... Mais en prenant du poids, en gardant le petit enfant en lui, il garde surtout des formes non sexuées, ni fille ni garçon, ce qui traduit une peur de la sexualité qui s'éveille. Ce phénomène s'observe particulièrement chez les garçons : les rondeurs fabriquent des œstrogènes, hormones féminines qui retardent l'apparition des signes pubertaires tels que les poils, les muscles, permettant au jeune de conserver une espèce d'androgynie. Si l'adolescent commence à être attiré par l'autre sexe, il a souvent très peur de la rencontre, qui sous-entend la rencontre sexuelle. En général peu sûr de lui, il a du mal à se présenter à l'autre, ne maîtrisant pas bien ce qu'il est devenu. Aussi craint-il de ne pas savoir se contrôler, ce qui explique qu'il oscille si souvent entre le coup et la bise. La prise de poids peut être le moyen de garder ses distances, de mettre une couche de gras entre lui et les autres, laquelle à son tour favorise le rejet social, et donc le repli sur soi et sur la nourriture consolatrice.

Des parents trop inquiets

Ces transformations physiques, intellectuelles et affectives bouleversent l'intéressé mais également son entourage, entraînant une modification de son attitude. Au sein de la famille, les relations changent, réveillant chez les parents doutes et questionnements. Si ces derniers banalisent les prises de poids passagères, il y a peu de chances qu'elles s'installent. En revanche, s'ils se focalisent dessus, elles risquent de perdurer. Malheureusement, l'apparence a pris une telle importance qu'il est de plus en plus fréquent de voir les parents s'inquiéter de façon démesurée, alors qu'il y a trente ans encore, ils n'auraient pas poussé leur adolescent à consulter pour quelques kilos de trop. Comme dans un miroir, le parent se voit dans son adolescent, se désole pour l'image qu'il lui renvoie. N'est-il pas devenu un accessoire, un faire-valoir, à l'instar de Madonna et de sa fille ou encore de cette publicité pour une marque de prêt-à-porter où mère et fille sont censées se valoriser l'une l'autre ? À l'inverse, mais ce n'est guère mieux, certaines mères, telle la belle-mère de Blanche-Neige, se réjouissent inconsciemment que leur fille soit grosse : la femme séduisante, c'est elle et personne d'autre. Il faut savoir que statistiquement, les adolescents n'ont jamais été aussi gros. Est-ce dû à la malbouffe ou à cette obsession parentale de leur ligne ? Sans doute les deux. S'y ajoute bien sûr la pression sociale : les adolescents vivent dans l'air de leur temps, ils sentent bien qu'il ne fait pas bon grossir alors ils font des régimes anarchiques qui, au final, les font grossir.

L'âge de la séduction

À cet âge où l'adolescent a envie de séduire, la ligne devient un enjeu important. Or la majorité des jeunes ne sont pas contents de leur image. Les filles se trouvent trop grosses, tandis que les garçons ne se trouvent pas assez musclés. La pression dans les groupes de copains est très forte et les garçons préfèrent draguer les plus minces. Ils ont bien compris que la femme trophée était filiforme. Bien sûr, traditionnellement, l'adolescence n'est pas une période de la vie où l'on a une bonne estime de soi, mais on aurait pu penser que la relation de proximité que les parents entretiennent avec leurs adolescents – ils n'ont jamais été aussi écoutés, valorisés – aurait pu l'améliorer, or il n'en est rien. Tous ces bénéfices sont mis à mal par les nouvelles exigences de la pression scolaire et aussi par une inquiétude pour le poids sans précédent. L'estime de soi reste donc bien faible, et si les adolescents ne sont plus en proie à la culpabilité en ce qui concerne la masturbation et la sexualité, c'est l'apparence qui est devenue une obsession.

Reste encore un peu...

S'ajoute encore la difficulté des parents à voir leur enfant leur échapper, notamment par le biais des nouvelles technologies. N'ayant plus les moyens de les cloîtrer – les psys sont là pour leur répéter qu'il faut les lâcher –, ils ont trouvé un bon moyen pour garder le contact : l'école et le poids. La mère surtout trouve là une excellente raison de continuer à s'occuper de ce corps qui lui échappe. Contrôler le poids de leur adolescent permet aux parents d'être intrusifs, d'exercer une surveillance rapprochée, alors que ce corps n'est plus destiné à leur plaire, mais à séduire les jeunes de son âge ! Il est très ennuyeux que les parents se l'approprient, l'observent sous toutes les coutures, s'autorisant des réflexions, voire des commentaires désobligeants : rien de tel pour freiner l'émancipation. Il arrive que l'adolescent lui-même soit complice d'une telle attitude, particulièrement s'il est angoissé à l'idée de s'émanciper ou qu'il se sent coincé dans une relation fusionnelle avec un seul parent. Grossir lui permet de garder un lien, un lien masochiste, mais un lien tout de même. À l'inverse, le poids peut être une façon de s'éloigner de la mère. C'est le cas de ces filles qui contrecarrent son désir de les voir minces, sauf qu'elles se mettent dans une impasse en conservant quand même leur mère sur le dos... Il est important de réfléchir à la façon dont les parents vous ont laissée traverser l'adolescence : avec bienveillance ? sous contrôle permanent ?

Un barrage contre le désir

Parfois, l'adolescent trouve dans le surpoids une façon de mettre à distance son désir, en opérant un déplacement des pulsions sexuelles vécues comme trop menaçantes sur les pulsions orales qu'il maîtrise mieux. Pour calmer son désir jugé trop vif, il procède à une désensibilisation. En effet, les sécrétions hormonales font que la peau devient très sensible, les kilos forment, croit-il, un rempart. Quand ce corps sensuel évoque pour lui des relations trop proches avec les parents, en prenant du poids il pense instaurer une distance face au risque de trop grande proximité qu'il vit inconsciemment comme incestueuse.

Les ravages du chagrin d'amour

On ne dira jamais assez à quel point les chagrins d'amour précoces peuvent marquer toute une vie affective ! Si le chagrin d'amour n'a pas d'âge – le départ d'une nounou ou d'un petit copain de maternelle peut déclencher un séisme –, à l'adolescence, il prend des allures dramatiques et peut déclencher une dépression. Le jeune se laisse maigrir ou au contraire mange plus que de raison pour éviter de penser à sa douleur. Le dépit amoureux peut également pousser à manger par colère : je vais te donner une bonne raison de ne pas m'aimer, je m'enlaidis, je te croque ! J'évite encore toute nouvelle rencontre, comme cela je ne souffrirai plus, s'illusionne l'adolescent éconduit. Peut alors s'installer un deuil à vie de l'amour, un renoncement total, le rejet amoureux ayant été vécu comme la négation de toute sa personne, sans qu'il ait eu encore les moyens d'élaborer sa blessure. Soit l'adolescent a vécu des ruptures dans sa petite enfance et ce chagrin d'amour va venir réveiller cette ancienne douleur, soit il a été choyé à l'excès, n'a connu aucune frustration, et c'est la première fois qu'il y est confronté, sans aucune préparation. Il vit alors cette rupture comme un crime de lèse-majesté de l'enfant roi qu'il était. Dans tous les cas, le choc est rude et la réaction peut être de se laisser grossir, et même, une fois le chagrin dépassé, il restera toujours méfiant, inquiet, ayant du mal à faire confiance à l'autre.

De mauvaises expériences sexuelles

Une certaine maladresse s'observe aujourd'hui dans les relations sexuelles, due à une mauvaise connaissance du corps des femmes et de leurs attentes, sous l'influence de la pornographie. Les jeunes imaginent des scénarios plus libérés qu'ils ne le sont dans la réalité et les filles acceptent ces pratiques, les croyant nécessaires pour retenir leur partenaire, sans se mettre à l'écoute de leurs désirs et de leurs envies. La perte de la virginité est encore vécue comme un passage obligé, dont on se débarrasse le plus vite possible. Mais ces jeunes filles ne vont-elles pas à l'encontre d'elles-mêmes en empruntant un chemin imposé qui ne leur correspond pas ? Certains passages à l'acte sous l'emprise de l'alcool pour se donner du courage constituent de vrais traumatismes. Le lendemain, une fois dessaoulée, l'adolescente peut avoir l'impression d'avoir été forcée. Cette situation est encore plus fréquente chez une jeune fille un peu forte, mal dans sa peau, qui accepte ce que n'accepterait peut-être pas une fille qui se vit comme plus séduisante. C'est une inquiétude très féminine d'avoir l'impression d'être utilisée pour la seule jouissance du garçon, mais cette angoisse est renforcée chez une fille qui ne s'estime pas digne d'intérêt. Elle risque même d'accepter de coucher uniquement parce qu'elle a l'impression que le garçon lui fait une faveur. Mais coucher sans réel désir peut entraîner de la culpabilité et le fait d'avoir été pris pour un objet déshumanise. Résultat, l'adolescente risque de s'identifier à cette étiquette, devenir une sorte de montgolfière dont les hommes profitent sans respect. Pourtant, dans l'imaginaire des garçons, la fille enrobée évoque la luxure et la volupté, la maigre semblant toujours frigide, mais rien n'y fait, la pression sociale veille... Et vous, comment se sont passées vos premières expériences sexuelles, quels souvenirs en gardez-vous ? Ont-elles été épanouissantes ou traumatisantes ?

Le poids de la frustration sexuelle

La sexualité tout comme le fait de manger génèrent un plaisir fort et l'épanouissement sexuel est d'ailleurs l'occasion d'une perte de poids, tandis qu'une libido entravée est génératrice de difficultés et notamment de kilos supplémentaires. En s'interdisant le plaisir sexuel, certains n'ont d'autre issue pour conserver un peu de plaisir dans leur vie que de se rabattre sur la nourriture. Les troubles alimentaires entraînent souvent des troubles sexuels : l'anorexique contrôle tout et ne se laisse pas aller à la jouissance ; la boulimique, elle, risque de multiplier les partenaires, de façon passive, sans aucune jouissance. Enfin, il est clair que les abus sexuels dans l'enfance perturbent fortement la vie sexuelle : le corps est désinvesti, tenu à distance, générant anxiété et dépression. Grossir est une façon de refuser la séduction lorsqu'une fille se sent coupable d'avoir suscité l'excitation de son abuseur. S'enfermer dans cette forteresse, c'est s'assurer de repousser les assauts de l'homme. Enfin, l'homosexualité refoulée ou mal assumée peut conduire à grossir : les kilos sont un prétexte pour refuser l'hétérosexualité. À l'adolescence, le questionnement identitaire peut être douloureux au point d'entraîner une prise de poids.

La déprime et la dépression

Elles sont fréquentes à cet âge où l'adolescent doit faire face à de nombreuses pertes. Il lutte en mangeant, se remplit contre ce sentiment de vacuité qui l'envahit, les aliments venant symboliquement combler ce vide. Peut-être y voit-il une manière de lutter contre la fatigue morale ? ou encore de se donner de l'énergie, même si ce n'est pas de cette énergie-là dont il a besoin ? La dépression perturbe le sommeil, ce qui entraîne des prises de poids, et comme elle le fait vivre au ralenti, il brûle moins de calories. Comment vos parents réagissaient-ils au mal-être ? De qui tenez-vous ? De votre grand-mère pour qui chaque dispute devait se régler par un bon repas ? Peut-être avez-vous pris l'habitude de divertir votre déprime en mangeant ? C'était vrai à l'adolescence, c'est peut-être encore vrai aujourd'hui.

D'éternels adolescents

Une fois adulte, vous pouvez avoir conservé les mêmes modes défensifs. Le souci, c'est qu'aujourd'hui, nous restons très accrochés à cette phase de la vie parce qu'elle est survalorisée : elle s'éternise et empiète sur la vie d'adulte. Plus aucun rituel ne vient symboliser le passage entre les deux périodes : on travaille de plus en plus tard, on se met en couple de plus en plus tard, on a des enfants de plus en plus tard... Autrefois, devenir adulte s'accompagnait de nombreuses transformations, tandis qu'aujourd'hui on ne change plus d'identité ni de statut en se mariant. Ajoutons que le lien aux parents reste très fort. Trop fort ? Ils sont si compréhensifs que le jeune a du mal à les quitter, encore plus s'il ne gagne pas sa vie. Le poids comme le lien persistent... Tant que cette question de l'autonomie ne sera pas réglée, le jeune va déplacer sa dépendance aux parents vers la dépendance alimentaire.

5

POURQUOI GROSSISSEZ-VOUS ?

C'est la vraie question à vous poser. Bien sûr, vous rêvez de mincir, mais une partie de vous ne le veut pas, sans que vous le sachiez vraiment. C'est cette partie qu'il vous faut débusquer, au risque sinon d'échouer dans toute démarche pour perdre du poids.

À quoi cela vous sert-il de grossir ? La question a l'air polémique, mais elle ne l'est pas. Nous allons voir quels sont les avantages que vous trouvez à votre surpoids. Les raisons sont bien souvent inconscientes et l'on sait que l'inconscient préfère parfois se faire du mal, est prêt à provoquer un accident pour échapper à une situation pénible. Il peut donc nous pousser à grossir, en détournant notre attention de son véritable objectif.

Pour remplir un vide affectif

Si vous avez le sentiment de ne pas occuper vraiment une place, ou d'en avoir une qui ne vous convient pas, la prendre avec vos kilos vous permet de vous imposer et d'en imposer. Quand on est en proie à un sentiment de vide, les kilos nous donnent de la consistance. Étiez-vous timoré dans votre enfance ? Vous êtes-vous beaucoup ennuyé ? Avez-vous souffert de ne pas avoir de véritables discussions avec vos proches ? Vous avez peut-être passé de nombreuses heures devant la télévision, sans personne avec qui parler, échanger. Vous avez du mal aujourd'hui à ne pas être stimulé visuellement, votre imaginaire est étouffé et se contente d'un prêt-à-porter, nous allons vous donner des pistes pour l'alimenter. En attendant, face à ce besoin viscéral de vous remplir, vous choisissez la nourriture...

Pour trouver une identité

Être le gros, c'est être au moins quelqu'un... Grossir fournit parfois une bonne raison d'avoir une mauvaise image de soi. Certains ont d'eux une image floue, mal dessinée, ils ont envie d'en changer, sans trop savoir quelle identité adopter. Ou bien cherchent-ils à se couper de leur filiation en devenant gros dans une famille de minces ? Un peu comme Michael Jackson, issu d'une famille noire, l'a tenté en se blanchissant. L'effet yo-yo inévitable alimente cette double identité, peut-être cette valse-hésitation traduit-elle la volonté de ne pas choisir entre s'identifier à la mère ou au père.

Pour vous protéger...

Grossir peut être encore une façon de lutter contre l'agressivité des autres, mais aussi contre sa propre agressivité. Plutôt de nature offensive, vous vous êtes pacifié de manière radicale, en prenant du poids. Est-ce que vous n'aviez jamais le droit d'exprimer vos désaccords ? Est-ce qu'ayant perdu vos armes de défense, vous vous sentez en insécurité et éprouvez le besoin de vous enrober dans un édredon ? Un peu à la façon dont certains oiseaux gonflent leurs plumes pour impressionner leurs adversaires, vous éprouvez le besoin de vous gonfler. C'est sur ces sentiments ambivalents qu'il vous faudra travailler, car vos kilos « doudoune », c'est sûr, ne vous protègent de rien...

On voit souvent ce phénomène d'agressivité retenue chez les « bonnes grosses », ces femmes trop gentilles, si fluettes à l'intérieur d'elles-mêmes. Elles se rêvent souris, alors qu'elles sont éléphantes. Elles ne veulent pas se faire remarquer, alors qu'on ne voit qu'elles, se culpabilisent et mangent deux fois plus... Grossir nous laisse dans notre bulle et nous met, croyons-nous, à l'abri du monde, du stress. Or ces kilos qui nous donnent l'impression de nous protéger nous enferment en nous installant dans une pièce capitonnée. Comme dans une prison, pas dorée du tout.

Pour étouffer une plainte

Certains désarrois sont trop douloureux pour être dits, entendus, par soi ou par les autres, et nous préférons les taire et avancer une autre souffrance à la place. Manger éteint la plainte, mais l'alimente aussi : si vous êtes gros, vous avez le droit de vous désoler de vos rondeurs, votre entourage compatit, reconnaît votre malheur. La conversion de la douleur en kilos permet d'espérer pouvoir la combattre, car il existe tout un arsenal disponible pour mincir : régime, sport, médicaments... Et les mauvais souvenirs, eux, restent calfeutrés. Dans le même ordre d'idée, grossir peut être une manière d'attirer l'attention sur soi. Qu'on s'occupe de nous, qu'on nous regarde : j'ai maigri, j'ai grossi, devient la première information forte que l'on délivre sur soi. Les autres nous définissent ainsi, parlent, non de nous, mais de notre corps. Cette mise en avant permet d'éviter de parler de nos pensées, comme si nous n'avions rien à dire à part détailler notre régime. Parlez-moi de mon corps, il n'y a que ce sujet qui m'intéresse. Ces discussions autour des kilos pris perdus peuvent devenir très indécentes, nous le verrons en détail plus loin. Cette forme d'exhibitionnisme a souvent cours dans les milieux féminins, comme si le seul lien entre amies ne pouvait être que le poids. Le malheur est une histoire de femmes, les kilos en trop aussi...

Pour livrer bataille...

Certains kilos sont pris pour régler des comptes autour de soi. C'est le cas de la fille qui grossit, alors que sa mère a surveillé sa ligne et la sienne durant toute l'enfance et l'adolescence, moyen infaillible pour mettre le grappin sur elle. Prendre du poids permet alors à la fille d'échapper à cette mère totalitaire, qui s'arrogeait un droit de regard sur son corps. Ou bien, cette même fille se soumet aux régimes imposés par la mère, ce qui la rassure dans un premier temps – maman s'occupe de moi, maman s'occupe de tout –, mais elle échoue à le tenir dans la durée, seule façon de tenter de lui échapper. La bataille peut également avoir lieu au sein du couple : « Tu ne t'occupes pas assez de moi, tu m'as trompée ? » Je vais te donner une bonne raison de continuer en prenant vingt kilos ! Nous avons toujours une certaine emprise sur l'autre en nous faisant du mal, ce qui le culpabilise, à la façon des adolescents qui se mutilent à la fois pour se séparer de leurs parents, pour attirer leur attention et pour les rendre responsables de leur malaise. Le couple peut revivre ce paradoxe, cette impasse du double lien.

Pour éviter la rencontre amoureuse

Certaines encore grossissent pour être sûres de ne pas plaire, pour éviter la rencontre amoureuse, fuir la sexualité. Elles se mettent à l'abri du désir des autres.

Cette carapace exprime un refus de la féminité, de la masculinité, de la séduction. Ainsi, certaines femmes homosexuelles, qui affichent des kilos et une carrure de camionneur, témoignent de cette volonté de se protéger de la convoitise masculine. On voit également des hommes gros sans aucune libido, parce qu'ils s'interdisent d'être désirants, pour des raisons inconscientes non élucidées : ils s'identifient à leur mère, ne veulent pas rejoindre le camp des hommes, vivent la pénétration comme un acte agressif vis-à-vis des femmes. En étant ronds, ils restent le gros bébé de leur maman. Ces hommes-là voient leurs hormones mâles se transformer en œstrogènes par le biais d'une enzyme appelée l'aromatase, ils perdent leurs poils, présentent des troubles de l'érection. Quant à la femme ronde dans le contexte actuel, elle se trouve laide, peu désirable, ce qui n'est pas la meilleure façon d'être désirante. Et même si elle rencontre un homme que son embonpoint ne fait pas fuir, elle va réussir à le convaincre qu'elle ressemble à une baleine ! Les raisons de cette fuite sont souvent assez difficiles à identifier et il ne faudra pas se limiter à une seule explication. Divers facteurs entrent en jeu : la timidité, voire la phobie du contact, la peur du désir de l'autre, qui va de pair avec la peur de son propre désir, à quoi s'ajoute la peur de la sexualité vécue comme violente ou entraînant un lâcher-prise qui effraie, la peur anticipée de la rupture suite à un deuil ou à une séparation antérieure traumatique, l'angoisse de ne pas être à la hauteur en cas de grande mésestime, la tentative inconsciente de tester les sentiments véritables de l'homme – « si tu m'aimes malgré mes kilos, c'est que tu m'aimes vraiment intérieurement »... On pense évidemment enfin aux ravages de l'inceste : quand les parties intimes ont été violées durant l'enfance, grossir est une façon de ne plus ressentir son corps, d'anesthésier les émois éventuels, de ne plus attirer aucun regard de désir sur soi. Un climat « incestuel » a pu engendrer les mêmes protections, sans qu'il y ait eu de véritable abus. Dans certaines familles, il n'existe pas de limite claire entre chacun de ses membres, la confusion des générations règne, personne n'a le droit d'avoir son jardin secret, le contrôle est excessif, permanent. Dans cette ambiance envahissante, une seule protection a semblé possible : la graisse.

Pour être mère, uniquement mère...

Il est fréquent de voir les femmes se détourner de la sexualité après une grossesse et prendre du poids au-delà du raisonnable, investissant toute leur libido dans le maternage. L'image de la bonne mère est celle de la mamma, qui a des gros seins et des hanches accueillantes. Dans leur tête, et dans celle de beaucoup d'hommes malheureusement, la grosse est forcément maternante, et la mince, une bimbo plus intéressée par le sexe que par les enfants. Comme s'il était impossible de conjuguer les deux !
À la ménopause, certaines femmes grossissent parce qu'elles associent maternité et féminité : devenues non fécondes, elles n'ont plus envie de plaire ou croient qu'elles ne le peuvent plus, se laissent aller et, au lieu de prendre trois kilos, en prennent vingt.

Pour ne pas réaliser ses rêves

La prise de poids peut encore nous servir à légitimer notre peur de réussir. Les personnes toujours « à trois kilos du bonheur » ont trouvé là une bonne raison de différer leur vie amoureuse. Nous restons dans le plaisir enfantin de l'attente, dans la remise au lendemain du succès. Certains attendent même de mincir pour s'inscrire à un club de sport ! Nombreuses sont les personnes qui dépriment lorsqu'elles obtiennent ce qu'elles veulent, sans savoir qu'elles peuvent continuer à désirer que ça dure... Le poids peut encore afficher un renoncement après un échec amoureux : j'abandonne la partie, je quitte le jeu, je sors le drapeau blanc, je me justifie en lançant à qui veut l'entendre que cette dictature de la minceur est un scandale. Mais suis-je vraiment dupe de mon stratagème ? Cette attitude permet d'éviter de se remettre en question : je mange parce que je me sens incompétente, donc je grossis, donc je ne rencontre personne. À quoi s'ajoute parfois : « Ma mère me l'avait bien dit. » On le voit, les raisons de grossir sont autant de diables qui gisent dans les détails...

6

REVISITEZ VOTRE PASSÉ

Pour comprendre ce que la nourriture représente, ce qu'elle vient combler dans votre existence, il est nécessaire d'effectuer un petit voyage dans votre enfance et votre adolescence.

Papa, maman, dis-moi que je suis la plus belle...

Le regard que nous portons sur notre corps est lié à celui que nos parents ont porté sur nous. Comme un miroir, nous avons lu dans leurs yeux leur satisfaction, tout comme leur déception. Et vous, quel discours vos parents tenaient-ils sur vous ? Comment avez-vous traversé l'adolescence, cette période ingrate où il est normal d'avoir quelques rondeurs ? Avez-vous essuyé les quolibets d'un tonton moqueur ? Toute critique s'inscrit de façon souvent indélébile au cours de cette période ultrasensible... Quand on demande autour de nous : « Qu'est-ce qui vous a le plus blessé dans l'enfance ? », une fois sur deux, il s'agit d'une critique sur le physique. Certains vont faire une véritable fixation, prenant le rejet d'un défaut passager pour celui de leur personne tout entière. Il est intéressant d'essayer de se souvenir ce que l'on disait autour de vous.

Tu seras gros comme moi, mon fils...

Tout aussi révélateur est le discours qui était tenu sur la nourriture : était-elle diabolisée ? Vos parents comptaient-ils chaque calorie que vous ingurgitiez ? Pour certains, se libérer de l'emprise parentale, c'est manger sans retenue, car ils ont subi trop de restrictions. Vous forçaient-ils à l'inverse à finir votre deuxième assiette de pâtes avant de quitter la table ? Vous avez peut-être gardé l'habitude de manger au-delà de vos sensations de faim, comme eux, durant des années. La fidélité aux modèles parentaux pèse au moins autant que la génétique dans le phénomène d'obésité. Dans certaines familles, le beau bébé, c'est le gros bébé, preuve qu'il est en bonne santé. Ceux qui ont connu la guerre le pensaient, la certitude a traversé les générations. Le volume est encore associé à l'autorité, à la force, et vous avez peut-être envie à votre tour de les incarner de cette manière. Dans l'image que vous vous êtes construite, un parent, c'est gros, d'où peut-être une prise de poids importante lors de vos grossesses, kilos que vous ne semblez pas prête à perdre...
La loyauté inconsciente à nos parents peut être immense et l'on voit beaucoup de personnes prendre du poids à la mort de l'un d'eux ; on accuse le chagrin, mais c'est aussi une façon de les imiter pour les remplacer. Personne n'est gros dans notre famille ? Quelle place occupons-nous alors avec notre poids ? Celle d'un grand-père grassouillet disparu trop tôt ? Quelle image de nous comme gros avons-nous dans notre tête ? La lutte ne sert à rien, tant que ce décryptage n'a pas été effectué. Les kilos peuvent aussi s'installer parce que nous faisons tous les efforts du monde pour ne pas ressembler à un parent enrobé. Une publicité pour une salle de sport annonçait sans complexe : « J'ai le

caractère de ma mère, pour le reste je vais au club X. » Mais il ne suffit pas toujours de vouloir pour pouvoir... On le voit, il ne s'agit pas d'une simple question de balance, de volonté, c'est toute une dynamique qui est à saisir. Essayez de repérer le moment où vous avez commencé à prendre du poids. Au décès de votre père, à la naissance d'un petit frère, suite à un accident ? Si vous avez l'impression de trahir vos parents en perdant du poids, imaginez-les minces, retrouvez des photos où ils l'étaient peut-être. Enfin, dans certaines fratries, où les différences n'ont lieu que sur le physique, il peut être tentant de trouver un moyen de s'affirmer avec son poids. En incarnant l'autre face de la pièce, si notre frère ou notre sœur est svelte, il nous reste à nous saboter en devenant le gros. D'autant qu'on assiste souvent à un effet miroir, ou plutôt de vases communicants : quand l'un grossit, l'autre maigrit... Il est important de remonter aux origines pour essayer de sortir de ce profil de gros qui est devenu une identité, et de changer de logiciel. Bien souvent, les adolescents qui ont été en surpoids, même quand ils ne le sont plus, entendent une petite voix intérieure qui leur susurre : « Es-tu bien sûr que tu es mince ? » Indépendamment de leur poids réel, ils ont gardé leur image de gros...

Beaucoup de difficultés peuvent être réglées à condition d'en prendre conscience, oui, vous pouvez vous décoller du modèle familial, il n'y a pas de fatalité. Mais peut-être aurez-vous besoin d'aide, d'un thérapeute, pour vous appuyer sur lui et vous reconstruire autrement. Grâce à ce rocher, vous allez devenir sirène, avec suffisamment d'appuis pour sortir la tête de l'eau.

Mère et fille : une histoire de dépendance

Certaines mères pensent que puisque leur enfant sort d'elle, il est un morceau d'elle. Et le fait d'être du même sexe favorise ce fantasme. Mais quelle partie de sa mère représente une fille, la bonne, la mauvaise ? Comme elle lui a donné la vie, elle peut la reprendre et la tient par la culpabilité : sa fille n'a pas intérêt à s'échapper, sinon, c'est la mort. Que dire de ces mères qui laissent penser à leur fille qu'elle ne leur arrivera jamais à la cheville ? Avant, elles vieillissaient, s'habillaient comme des grands-mères, mais aujourd'hui, elles sont en bonne santé, belles, souvent plus sûres d'elles : comment rivaliser avec ces mères ? Elles n'apprennent pas à leur fille à se passer d'elles, ne leur donnent pas accès à leur père. Même si la sexualité est encouragée, elle ne participe pas à l'émancipation. Le message subliminal ? Va chez la gynéco, rencontre autant d'hommes que tu veux, mais n'aime que moi. Tu peux t'amuser avec les garçons, mais ils ne feront pas le poids pour que tu puisses te passer de moi.
À l'opposé de la mère toute-puissante se trouve la mère fragile. Comment la fille va-t-elle s'en aller en la laissant seule ? Occuper la place de la mère, être sa nouvelle maman, surtout si elle vient de perdre la sienne, peut être le fantasme de la fille, qui grossit pour prendre une place virile, la place du père, dans une inversion des rôles parentaux tout à fait néfaste.
Et vous, quelle mère avez-vous ? Quelle place occupez-vous dans sa vie ? Quelle place occupe-t-elle dans la vôtre ? Le lien mère-fille risque parfois d'être ravageur en terme de poids, le comprendre peut aider à prendre un peu de distance, quitte à demander l'aide d'un spécialiste tant il est difficile de dénouer ce lien de dépendance.

Grossir sans raison apparente

Enfin, une autre voix commence à se faire entendre : vous avez peut-être grossi sans avoir modifié d'un iota votre alimentation. Comment expliquer ce phénomène ? Plusieurs pistes sont actuellement explorées, dont la piste hormonale, même si les études en sont encore à leurs balbutiements. Les hormones entrent en jeu dans la répartition des graisses et la rétention d'eau, et même si on ne connaît pas bien encore le mécanisme, on peut en constater les effets. Un excès d'insuline par exemple peut favoriser le stockage des graisses. Un défaut de sécrétion thyroïdienne favorise également la prise de poids. Les hormones sexuelles joueraient aussi leur rôle, on le voit bien lors des prises de poids à l'adolescence et à la ménopause. Un événement brutal peut encore modifier la silhouette, comme cet homme qui, à la suite du décès de son père, s'est mis à prendre une petite brioche identique à celle de son géniteur...
Une étude vient de montrer qu'un stress chronique entraîne une prise de poids sur l'abdomen, les épaules, par une sécrétion excessive de cortisone. Il peut donc faire gonfler, sans prise alimentaire supplémentaire, ce qui a conduit certains nutritionnistes à accuser leurs patients de manger en cachette, alors qu'ils ne mangent pas plus qu'avant. Nous verrons plus loin qu'apprendre à bien gérer son stress est une des pistes pour fondre comme neige au soleil. Mais les résistances sont fortes et la plupart des spécialistes préfèrent laisser penser à leurs patients qu'il ne s'agit que d'une question de volonté. L'industrie se joint à eux pour culpabiliser les personnes en surpoids, quitte parfois à les rendre dépendantes aux sachets de substitution ! Il ne s'agit pas de dire que toutes ces prescriptions ne marchent

pas, mais elles n'ont pas d'effets durables car l'être humain n'est pas fait pour se nourrir de poudre.
Si le régime hyperprotéinique fait fureur aujourd'hui, c'est qu'il nécessite de cuisiner. Mais il ne fonctionne qu'avec les personnes qui raffolent de viande et de poisson, boudent les glucides et arrivent à tenir. Elles continuent à se faire plaisir en suivant leur régime, le fait de mincir leur renvoie une image positive, elles sont plus dynamiques, font donc plus d'activités physiques, bref, elles entrent dans le cercle vertueux du poids en équilibre.

7

POURQUOI VOULEZ-VOUS MAIGRIR ?

Mais enfin, cette question... Pour être plus belle, plus sûre de moi, plus heureuse en amour... En êtes-vous certaine ? Petit tour d'horizon pour cerner vos réelles motivations.

Méfiez-vous des modèles

Vous voulez mincir pour ressembler à votre artiste de cinéma préférée ? Toutefois, vous ne l'admirez pas uniquement pour son allure, mais pour un ensemble d'éléments, dont le physique n'est qu'une petite partie. D'ailleurs, si elle grossissait, gageons que vous l'aimeriez encore... Vous vous imposez peut-être de ressembler à cette femme, bien éloignée de votre morphologie, mais vous aurez beau faire des efforts, ils seront voués à l'échec. Ce rêve était compréhensible quand vous aviez 15 ans, mais qu'en est-il aujourd'hui ? Acceptez qu'il y a des composantes biologiques qui font que jamais vous ne ressemblerez à Kate Moss, à moins de vouloir vivre un enfer. Est-ce que cet idéal mérite de vous pourrir littéralement la vie ? Prenez plutôt pour modèle la belle Marylin Monroe ou Kate Winslet et leurs rondeurs si sexy. Vous n'êtes pas une statue à sculpter, vous êtes vivante, en chair et en os, c'est cette femme qu'un homme va aimer. Arrêtez de courir après cette folle idée. Vous n'avez que trois kilos de trop, mais au fait, de trop par rapport à qui ? Travaillez plutôt à devenir unique, comme la rose du Petit Prince. Devenez votre propre modèle et imposez-le aux autres. Oui, vous êtes ronde, épanouie, gaie, élégante, gourmande. Vous verrez que vous allez faire des émules autour de vous... On constate que la jeune génération a un certain ras-le-bol de cette dictature de la minceur. Devenez aussi raisonnable qu'elle, au lieu d'essayer de courir après la silhouette de votre jeunesse en vous affamant.

Ne faites pas tout un plat de quelques kilos en trop...

Nous l'avons vu, mincir est devenu l'objectif numéro un pour être heureux. Pourtant, certaines personnes ont quelques kilos de trop, adorent manger, échangent des recettes avec leurs amis... Un régime les déprimerait à coup sûr, le jeu n'en vaut vraiment pas la chandelle. L'hiver, période où il y a moins de lumière, acceptons de prendre deux ou trois kilos, notre corps fait des réserves, il en a besoin, et ce n'est pas dramatique. N'entrez pas en lutte à mort contre ces variations normales. De quoi se plaint cette jeune femme qui gémit d'avoir pris 482 grammes ? N'y a-t-il rien de plus inquiétant dans sa vie ?
Nous accepter comme nous sommes est une composante importante dans notre équilibre. Qu'est-ce qui fait que vous vous sentez grosse ? Qui dit que vous devez mincir ? Il est intéressant d'identifier cette voix intérieure : est-ce celle de votre compagnon, de votre mère, de votre sœur, de votre meilleure amie, de votre magazine ? À qui voulez-vous obéir, à qui voulez-vous plaire ? Autant de questions qu'il est bon de se poser avant d'entamer une quelconque démarche pour perdre

du poids. Un léger surpoids n'empêche pas d'être féminine, sensuelle, bien au contraire. Laissons la parole à l'humoriste Wolinski qui, dans un dessin mémorable, croque une femme nue en train de s'étirer devant la fenêtre en soupirant : « J'ai trois kilos de trop », tandis que l'homme encore au lit commente : « Dommage, c'est les trois kilos que je préfère ! »
Et on ne vous parle pas du « Spécial rondes » des magazines féminins où la plus dodue doit avoisiner les cinquante-deux kilos toute mouillée. Tous les kilos ne sont pas pathologiques, et même si vous en gardez quelques-uns, ils sont à vous, participent à votre identité. Ce sont peut-être des kilos de bien-être et votre bonheur à vous s'exprime par des rondeurs : maigrir spontanément peut être le signe que vous n'allez pas bien. Faut-il renoncer à la gourmandise et gâcher vingt ans de votre vie à essayer de les perdre ?
Autre erreur de motivation : les femmes de 50 ans qui veulent à tout prix perdre leurs trois kilos de trop et qui, en fait, veulent surtout tenter de retrouver leur jeunesse. Mais mincir ne les fera pas revenir en arrière. Notre société est si impitoyable que certaines quinquagénaires vont s'installer en Tunisie, au Maroc, où il n'existe pas cette dictature de la minceur. Elles s'y sentent apaisées, reconnues, leur charme passe par d'autres facteurs que la ligne haricot vert...

Troquez la volonté contre la motivation

Les personnes en surpoids passent volontiers pour des gens sans volonté, alors qu'elles en ont souvent beaucoup pour s'imposer sans cesse des régimes aberrants pour l'équilibre et la santé. Il faut de la volonté pour accepter d'avaler des sachets de poudre à la place d'un bon plat... Mais cela ne suffit jamais, car c'est intenable à terme. Pour vaincre vos kilos, il vous faudra de la volonté, c'est vrai, mais pas surhumaine. Vous vous en doutez, le refus de toute contrainte, l'envie de céder à toutes vos envies sans les différer dans le temps ne vont pas vous conduire sur le chemin de la perte de poids. Par paresse, vous avez peut-être pris l'habitude de manger sur le pouce des chips, des gâteaux, des plats tout préparés bourrés de graisses, de ne plus vous dresser une table ni de cuisiner. Toutes ces habitudes vont devoir être revues si vous voulez perdre du poids. S'alimenter sainement, faire de l'exercice, être attentif à ses ressentis, autant de choses qui demandent du temps. La volonté est nécessaire, pas forcément pour mincir, mais pour avancer dans la vie. Peut-être vous faudra-t-il repérer pourquoi vous avez du mal à vous tenir à vos projets, quels qu'ils soient. Est-ce que vous manquez de confiance en vous ? Est-ce que vous ne vous estimez pas assez pour réussir ? Peut-être encore avez-vous peur de trahir quelqu'un, votre mère qui n'a jamais réussi à mincir ? Il ne s'agit pas alors de volonté mais d'une loyauté mal placée. Vous pouvez également être déprimé, ce qui explique que vous n'arrivez pas à vous mobiliser. Il est important de considérer tout ce qui vous a mis en échec jusque-là. Peut-être vous faudra-t-il vous mettre en groupe pour parvenir à mincir ? Ce seront les autres qui vous aideront à supporter les contraintes que vous n'arrivez pas à respecter. Quoi qu'il en soit, la démarche demande des efforts, la volonté de se poser les vraies questions sur soi. Vos kilos ne vont pas fondre uniquement en lisant le livre, il va falloir affronter vos zones d'ombre intérieure... Le principal moteur de la volonté est la motivation, c'est elle qui vous a peut-être fait défaut jusqu'à présent. Malheureusement, les échecs répétés découragent, portent atteinte à l'estime de soi, car vous vous jugez faible, sans volonté, incapable de résister aux tentations. Dans un tel contexte, pas étonnant que cette motivation s'effondre...

Les fausses motivations

Pourquoi voulez-vous maigrir ? Pour ne pas perdre votre homme ? Attention à ne pas le négliger en consacrant trop d'énergie et de temps à cette perte de poids, pendant qu'une autre lui proposera de s'occuper de lui pour le consoler... Ou alors, faites de cette reprise en main de votre corps un projet commun du couple, lui aussi a sans doute ses « tablettes de chocolat » qui fondent un peu... Est-ce pour trouver le grand amour, tant vous êtes persuadée qu'une personne ronde ne peut pas plaire ? Attention, ce n'est pas en mangeant toute seule dans votre coin vos sachets de protéines tandis que vos collègues déjeunent joyeusement ensemble que vous trouverez l'homme de votre vie. C'est souvent sur les résultats escomptés de la perte de poids que l'on se leurre. Quelles sont les conséquences imaginaires de votre surpoids ? Pourquoi rendez-vous votre poids responsable de votre solitude ou de vos échecs amoureux ? Voilà un alibi en or ! Mais au fait, si vous avez besoin d'un alibi, c'est que vous vous sentez potentiellement coupable : de quoi avez-vous peur d'être accusée ? À rendre votre poids responsable de vos souffrances, non seulement vous le maintenez, mais vous vous empêchez de vous poser les vraies questions, nous allons y revenir.
Regardez autour de vous : ne connaissez-vous personne qui soit ronde et heureuse en amour ? Vos kilos superflus deviennent une raison bien commode pour différer le moment de vous lancer, de prendre le risque d'une rencontre. Pourquoi ne pas essayer d'abord de régler certains problèmes de votre vie ? Nous vous donne-

rons des pistes plus loin pour vivre la vie qui vous convient. Gageons alors que vous n'aurez plus besoin de faire de régime car vos kilos n'auront plus de raison d'être ! Une fois ce constat établi, il devient moins angoissant d'être rond. En levant ces faux obstacles, en s'autorisant à vivre avec ses kilos, le soulagement peut permettre de mincir. Pourquoi ne pas choisir de nouveaux modèles autour de vous, plutôt que ceux sur lesquels vous vous êtes arrêtée, souvent impossibles à atteindre compte tenu de votre morphologie, de votre âge ? Cessons de nous soumettre à tous ces diktats et reprenons le contrôle, non de notre poids, mais de notre vie tout entière, silhouette comprise. Maigrir n'est jamais une motivation suffisante...

Trouver SA motivation

Si nous insistons sur l'importance pour vous de dénicher votre propre motivation, c'est parce qu'elle va non seulement vous servir de starter, mais vous accompagner tout au long de votre parcours d'amaigrissement. C'est elle qui fournit la volonté nécessaire, vers elle qu'il faut revenir quand on s'égare et c'est bien normal, les parcours sans faute n'existent pas. L'envie d'être en bonne santé est évidemment une motivation forte, mais parfois, après avoir égrené toutes les raisons de mincir, on se retrouve un peu bête : aucune ne vaut vraiment la peine. Posez-vous sincèrement la seule question qui vaille : que m'apporteraient quelques kilos en moins ? Pourquoi ne pas coucher sur le papier le résultat de vos cogitations ? Étudiez une à une vos motivations, débusquez celles qui vous appartiennent et les autres. Écrire rend toujours la réflexion plus claire. Demandez aussi autour de vous, à des personnes bienveillantes : penses-tu que je devrais mincir ? Si oui, pourquoi ?

N'y aura-t-il pas trop de frustrations par rapport aux bénéfices escomptés ? À méditer...

Et si vous changiez votre projet ?

Trouver une motivation pour perdre du poids ne devrait pas être isolé d'un programme plus vaste. Ce n'est pas mincir qui est important, mais avancer dans sa vie, être plus équilibré, plus heureux et donc plus aimé. Pourquoi ne pas vous dire qu'au lieu de vous mettre au régime une fois de plus, vous allez partir à la quête de ce qui est vraiment important pour vous ? En apprenant à écouter vos désirs, vous allez pouvoir mieux définir vos priorités. Nous vous proposons un voyage à l'intérieur de vous-même, où il n'y a ni juge ni objectif quantifié, seulement votre bien-être. Pour gagner en motivation, modifiez la définition de votre projet : il ne s'agit pas de perdre du poids pour trouver le grand amour, mais de donner de l'épaisseur à votre existence, de gagner en plaisir, en affirmation de soi. Imaginez-vous moins stressée, plus à l'écoute de vos sensations, des plaisirs de la vie, moins frustrée, moins triste... N'est-ce pas un plus beau projet que de vous imaginer entrer dans le jean de vos 18 ans dans l'espoir de séduire les hommes ? Vous connaissez sans doute des femmes minces qui ne sont guère épanouies, passent leur vie à compter les calories, font du sport comme une corvée et n'ont même pas une minute à consacrer aux autres. Pour gagner en motivation, faites-vous confiance, vos échecs devant les régimes ne disent rien de votre capacité à changer, peut-être même indiquent-ils que vous êtes une nature trop généreuse pour renoncer à tous les plaisirs de la vie !

II

Agir

Avant de faire une rencontre amoureuse, il est fondamental que vous commenciez par vous aimer vous-même. Comment ? En traitant votre corps avec amitié, en retrouvant une relation apaisée avec la nourriture, en repérant les émotions qui sont source de fringale, en apprenant à distraire votre faim, bref en reprenant votre vie en main.

8

SOYEZ À VOTRE ÉCOUTE

Les kilos affectifs sont en partie liés aux émotions. Pour perdre vos kilos, vous allez devoir apprendre à les repérer, à les nommer. Pas si facile puisque manger est pour vous une manière de les faire taire...

Les émotions, c'est la vie !

Imaginez une vie sans aucune expression émotive... Vous regardez un film d'horreur, vous restez de marbre. Votre amoureux vous fait faux bon, pas de réaction. Un de vos proches vient de mourir, toujours rien... Autant dire que ces situations sont impossibles.
Or, bien souvent, trop bouleversés par nos émotions, nous préférons les balayer, faire comme si elles n'existaient pas. Elles nous envoient des messages que nous ne voulons pas entendre et, au lieu d'y faire face, d'envisager des changements indispensables à notre équilibre de vie, nous fuyons. Mais cette stratégie ne suffit pas en général à dissiper le malaise et la seule façon de nous calmer est de manger, manger, manger, comme les bébés exclusivement apaisés par un biberon ou un biscuit. Décoder ce mécanisme est un premier pas pour commencer à mettre en place un autre type de réponse.

Qu'est-ce que je ressens vraiment ?

Nous n'avons pas toujours conscience de ce qui nous dérange, surtout si nous n'avons pas appris à exprimer nos ressentis. Certaines personnes n'ont aucune capacité d'empathie vis-à-vis d'elles-mêmes. Elles viennent peut-être d'une famille où on leur assenait quand elles étaient en souffrance : « Arrête un peu de t'écouter. » Résultat, elles ont pris cette injonction au pied de la lettre. Elles ne savent pas lire en elles, ou ce qu'elles y lisent est trop douloureux, elles préfèrent refermer le livre et ouvrir le frigo...
Si essayer d'identifier sincèrement ce que nous ressentons est précieux, ce n'est pas facile. Les personnes qui ont tendance à se consoler en mangeant ont justement du mal à repérer ce qui les trouble, ce tourbillon émotionnel qui les aspire. Elles évoquent un sentiment de vide, de manque, qu'elles confondent avec la faim. Le plus facile à détecter dans un premier temps, ce sont sans doute les signes physiques communs au plus grand nombre : tremblements, augmentation de la fréquence cardiaque, rougeurs, agitation, estomac noué... Le corps lance des SOS trop souvent ignorés ou étouffés par le fait de manger, comme pour les recouvrir d'une chape de plomb. Si vous avez vraiment du mal à ressentir et à identifier vos émotions, une piste intéressante est d'essayer de les repérer de façon expérimentale. Imaginez des situations susceptibles de les déclencher : une trahison, la perte d'un être cher... Ces pensées vous plongeront dans un état de colère ou de tristesse qui vous permettra d'identifier ces émotions quand elles se présenteront dans la « vraie » vie. Pour faire votre autoanalyse, demandez à vos parents comment vous étiez enfant : colérique, triste, anxieux ? Retournez sur les lieux de votre enfance, qui

vont déclencher chez vous des émotions anciennes. Regardez des photos de vous enfant, adolescent. Et vos amis d'enfance ? Que disent-ils de vous ? Mettez-vous à l'écoute des autres, ils ont souvent beaucoup à nous apprendre sur nous.

Affinez votre vocabulaire

Nous sommes ce que nous ressentons, et nous connaître est une nécessité fondamentale pour perdre du poids. Malheureusement, nous manquons de mots pour nommer et qualifier nos ressentis car le langage est en train de s'appauvrir. Les tics verbaux, ces expressions passe-partout qui envahissent les discours, ne permettent pas de les identifier ni de les communiquer avec précision. Qu'exprime un « j'en ai marre de tout » ? Si vague qu'il paraît difficile à partir de là d'analyser les raisons de ce ras-le-bol ? Essayez de trouver le mot juste, quitte à utiliser un dictionnaire des synonymes. Tentez de graduer vos émotions, l'état dans lequel elles vous mettent : en colère, êtes-vous agacé, furieux, hors de vous, fou de rage ? Triste, ressentez-vous du vague à l'âme ou une vraie détresse ? Faites une petite leçon de vocabulaire. Ressentir les émotions, être capable de nommer précisément leur intensité, devrait vous permettre petit à petit d'avoir prise sur elles. Autre écueil à éviter : la banalisation. On ne compte plus les personnes qui vous disent en soupirant : « Ça va, au fond, j'ai tout pour être heureuse. » Oui, mais justement, elles ne le sont pas et évitent ainsi d'en analyser les raisons. Ou celles encore qui se consolent d'un « il y a plus malheureux que moi ! ». Mais en quoi le malheur des autres est-il une consolation ? D'autres encore prennent leur incapacité à s'émouvoir en amour pour un trait de caractère définitif. Le problème, c'est qu'en voulant à tout prix éviter la souffrance générée éventuellement par le déboire amoureux, nous évitons aussi les rencontres qui nous font ressentir de la satisfaction. Et la vie passe, de fuite en fuite...

Arrêt sur image

Pour affiner notre perception, il faut au contraire décider de faire un arrêt sur image.
Arrêtons-nous un moment : qu'est-ce qui se passe, là, est-ce que j'ai peur, est-ce que je suis triste ? La première étape consiste à accepter notre état, puis à nous demander pourquoi nous ressentons peur, colère ou tristesse. Ce n'est que munis de cette compréhension que nous pourrons exprimer notre émotion, puis agir de façon adéquate face à la situation qui l'a provoquée. Prenons un exemple simple : vous croisez un ancien petit ami qui feint de vous ignorer. Vous êtes blessée, en colère peut-être. Au lieu d'essayer de ressentir ces différents états, ce qui pourrait vous conduire à relativiser – après tout, souvenez-vous, c'est vous qui l'avez quitté –, vous foncez à la boulangerie. Résultat : vous prenez du poids, sans la possibilité d'interroger une réaction injustifiée. Refuser cet arrêt sur image, c'est toujours se punir à terme, pas seulement grossir, car nos réactions ont un message pour nous : la peur nous enseigne ce qui est précieux, la colère nous indique nos limites personnelles, les situations que nous ne voulons pas ou plus accepter, la tristesse signale un manque. Sans ces repérages, comment agir sur notre vie ?

Quand les émotions avancent masquées

Ce travail peut être difficile, tant notre éducation joue un rôle important. Dans certaines familles, la colère est bannie et se transforme en tristesse. À l'inverse, une mère dépressive peut pousser un enfant à devenir coléreux pour la secouer de sa torpeur par exemple, mais son sentiment premier est plutôt une forte anxiété face à cette maman en difficulté. Ainsi, vous n'arrivez jamais à vous mettre en colère, alors que dans une telle situation, 99 % des personnes exploseraient. Peut-être votre père était-il imprévisible, et vous vous êtes juré de ne pas lui ressembler ? Vous ravalez vos contrariétés et y associez quelques sucreries pour bien les tasser au fond de vous. Comment s'exprimait-on chez vous ? Aviez-vous le droit de dire ce que vous ressentiez, est-ce qu'on vous écoutait ? Vos parents vous faisaient-ils part de leurs émotions ou bien affichaient-ils une attitude figée, quel que soit le contexte ? Ce petit travail sur soi est important car la façon de gérer les émotions se transmet dans la famille. Écoutez-vous, écoutez aussi cette amie qui s'étonne de votre passivité : mais comment, tu ne t'es pas mise en colère ? Ce trop-plein d'émotions liées à notre histoire était intolérable, il a fallu les verrouiller. Malheureusement, ce refoulement des émotions nous conduit aujourd'hui à nous consoler d'un chagrin d'amour en nous dirigeant vers le frigo...

Que ressentez-vous au régime ?

Les régimes rendent souvent très agressifs. On met cette hargne sur le compte de la frustration, mais si c'étaient plutôt les émotions qui refaisaient surface ? Voilà encore un excellent moyen de les repérer. Que ressentez-vous lorsque vous limitez votre nourriture ? Tristesse, colère, anxiété ? Ce n'est pas parce que vous manquez de sucre, mais parce que l'émotion réapparaît. D'ailleurs, dès que vous craquez, tout s'apaise en vous et vous redevenez vivable... C'est ce qui explique également qu'une psychothérapie peut conduire à perdre du poids, alors que le motif de la consultation n'était pas celui-là : de nombreuses personnes ayant effectué un travail sur elles-mêmes deviennent plus belles, plus sereines. Souvent plus minces, mais pas toujours, simplement elles se trouvent plus séduisantes, sont bien dans leur peau, et les autres les voient ainsi en retour. Ce n'est pas qu'une question de poids : des personnes minces mais tristes et coincées ne dégagent aucun charme et n'attirent pas l'amour.

Je m'ennuie, je mange

Avec le stress, l'ennui est le grand ennemi de votre ligne. Tant qu'il est léger, il est bénéfique pour ralentir le temps, rêvasser à une future rencontre... Mais trop important, il devient un état pénible, qui rend la vie pesante. Il signe bien souvent une absence d'envie, de désir, où tout paraît équivalent, rien ne mobilise suffisamment. Peut-être n'arrivez-vous pas à identifier vos vrais désirs ? Ou bien, vous les connaissez parfaitement, mais, par manque de confiance en vous, d'affirmation, ce sont ceux des autres qui les supplantent toujours ? Cela dit, nous vivons dans une époque de surstimulation, dès que la trépidation retombe, elle crée un vide propice au désœuvrement. Penser, rêver, lire, se réfugier dans son imaginaire devient de plus en plus difficile. Dans un des chapitres suivants, vous verrez comment faire face à votre vide intérieur et ne plus le remplir de nourriture pour vous apaiser. D'autant que l'ennui réduit l'activité, ce qui fait à son tour prendre du poids...

Le stress, un ennemi de poids

Le stress est lui aussi responsable de crises de fringale aiguë et grand pourvoyeur de kilos superflus. Toutefois, voilà encore un mot qui souffre d'un flou de définition : il est tellement vague qu'on ne sait plus vraiment ce qu'il veut dire et nous rangeons sous la même bannière un rendez-vous important et une rupture ! Le stress est encore assimilé au manque de temps pour tout faire, un manque devenu tellement courant dans nos vies de citadins surbookés. Notons d'emblée qu'il est loin d'être toujours toxique : le stress est un mécanisme d'adaptation qui nous prépare au combat ou à la fuite. Rien de plus naturel d'être stressé avant un rendez-vous amoureux... Le mauvais stress, lui, nous fait rester constamment sur le qui-vive, comme si nous n'arrivions plus à lâcher la pédale d'accélération. Notre organisme se met en surchauffe et fabrique des kilos, sans même parfois que nous modifiions notre alimentation, comme nous l'évoquions plus haut. Si le stress aigu fait un peu maigrir, il fait grossir en réaction lorsqu'il s'installe dans la durée. Quand le stress se prolonge, il peut provoquer des douleurs musculaires – dont rend bien compte l'expression « je suis tendu » – et des troubles du sommeil, eux aussi à l'origine de la prise de poids. La lutte contre le stress, que nous abordons plus loin, est un des axes fondamentaux proposés dans cet ouvrage.

Dans la phase de repérage, nous nous contenterons d'en accuser réception en prenant note des modifications physiques, puis en tentant d'en identifier les causes. Il existe des stress communs à tous : deuil, déménagement, licenciement, divorce... Et d'autres propres à chacun : peur de parler en public, confrontation avec certains membres de la famille, conflit au travail ou dans le couple... Il est bon de distinguer encore les causes de stress aigu – une dispute vive – et un stress permanent – un harcèlement. Certaines personnes trouvent du plaisir au stress, accros à la production d'adrénaline qui les stimule. Elles aiment l'état d'urgence et la vie remplie comme un œuf. Cette suractivité leur tient lieu d'antidépresseur, car bien souvent elle masque une dépression. Que cherchez-vous à fuir ? Un détour par votre enfance s'avère nécessaire pour comprendre l'origine de cette attitude. Des parents stressés que vous imitez ? Des parents stressants qui ne vous laissaient aucune minute de répit ?

Du stress à l'anxiété

Si le stress et l'anxiété vont parfois de pair, ils ne sont pas pour autant synonymes. Alors que le stress est lié à une situation objectivable, extérieure, l'anxiété est provoquée par une tension interne, dont la cause est plus difficile à identifier. Certaines personnes se révèlent plus anxieuses que d'autres, n'ayant probablement pas été assez sécurisées dans leur enfance. Manger devient pour elles un moyen de se réconforter, de remplacer symboliquement ceux dont elles ont besoin, et parfois grossir apporte un soulagement en dressant une carapace entre elles et le monde extérieur. L'anxiété est une cause d'hyperphagie, les aliments sont absorbés comme une drogue. Le pic glycémique apparaît dès les premières bouchées et apaise. C'est lui qui est nécessaire à la fabrication de neurotransmetteurs tels que la sérotonine, hormone du bonheur... Si vous êtes en proie à l'anxiété, il va falloir tenter de la combattre, en commençant par essayer d'en découvrir la racine : depuis quand êtes-vous anxieux ? Enfant, l'étiez-vous déjà ? Qui était anxieux autour de vous ? Comment vous rassurait-on ? En cas de forte anxiété, ce travail d'introspection gagnera à être entrepris avec l'aide d'un thérapeute.

La peur du manque

De plus en plus de gens anticipent la peur de la faim, mangent avant d'en éprouver la sensation. Peur ancestrale, puisque le premier objectif des hommes était effectivement de trouver à manger. Pourtant, aujourd'hui, la nourriture se vend à tous les coins de rue, et ces personnes n'ont jamais connu la faim. Mais c'est comme si cette dernière résumait toutes leurs peurs. Cette crainte du manque est à prendre au sens large, n'est-ce pas cela qui est insupportable ? Le manque à être, le manque à vivre, le manque à aimer... Pourtant, le manque est le propre de l'homme, il nous fait avancer dans la vie. Pourquoi cette tentation de réduire ce manque intrinsèque à l'humain à la faim ? Sans doute parce qu'elle est la plus facile à combler. Mais c'est un leurre, un puits sans fond, qui nous empêche d'identifier les vrais manques, affectifs par exemple. Si nous les repérions, il nous faudrait accepter d'y faire face, étape bien trop douloureuse. Cette peur totalement déraisonnable devant le manque de nourriture – il n'y a aucun risque de mourir – traduit un mal-être, une solitude. Manger revient à étouffer un hurlement intérieur.

Êtes-vous déprimé ?

Une personne négligée dans l'enfance a tendance à se négliger... Quand nous sommes déprimés, nous nous négligeons, et quand nous nous négligeons, nous déprimons ! C'est pourquoi il faut vous occuper de vous, comme si vous étiez quelqu'un d'autre, comme si vous n'aviez pas été cet enfant négligé.
La dépression peut être masquée par l'alimentation. Non seulement elle fait grossir, mais elle immobilise, éteint les envies, nourrit la tristesse, l'ennui, l'anxiété. Pourquoi mange-t-on parfois plus que de raison quand on est déprimé ? Pour se donner le tonus qui nous fait défaut. Nous n'avons plus d'énergie physique et psychique, le sommeil perturbé fatigue, et l'on mange parce qu'on est fatigué... Malheureusement, moins on dort, plus on mange. La dépression étant souvent liée à la perte, il est important de la rechercher. La prise de poids vient symboliquement remplacer le manque. Aujourd'hui, nombreuses sont les pertes qui ne sont ni reconnues ni accompagnées. Prenons les ruptures : autrefois, une femme quittée était plainte, soutenue ; aujourd'hui, on lui dit d'arrêter de geindre et de s'inscrire sur un site de rencontres. Or le psychisme humain ayant toujours le besoin de remplacer la perte par le gain, ces pertes non reconnues vont être compensées par la prise de poids, histoire de leurrer notre cerveau qui a besoin de concret. Grossir permet d'afficher sa souffrance, comme l'habit de deuil annonçait combien nous étions malheureux, tel un panneau : « Attention, fragile ! »

Faire taire la douleur, une mauvaise piste

Face à la plainte, notre époque brandit les antidépresseurs, là où un peu d'écoute soulagerait bien des peines. En revanche, si vous voulez maigrir, vous serez entourée, encouragée. Vous aurez autant d'oreilles et de conseils bienveillants. Chacun, ayant à un moment donné cherché à perdre du poids, devient intarissable sur les différents régimes à la mode. Nous avons donc tout intérêt à exprimer notre malheur par une prise de poids. Classiquement pourtant, la dépression faisait maigrir, car la personne était tout aussi désintéressée par la nourriture que par le reste de l'existence : elle hibernait, isolée, vivant sur ses réserves. C'est désormais moins vrai : nous n'avons plus vraiment le droit de nous mettre entre parenthèses. On nous donne des médicaments pour faire face, mais ils ne règlent pas les problèmes de fond et, même si on sourit artificiellement, la tristesse demeure. Cette douleur anesthésiée favorise les somatisations, comme la prise de poids. Ces personnes déprimées n'iront pas mieux en faisant un régime, bien au contraire : elles n'auront plus leur masque à disposition. Il vaut mieux partir à la recherche des objets perdus... Un travail d'investigation psychothérapeutique est là encore indispensable car les médicaments ne font qu'endormir la douleur, traiter les symptômes sans s'attaquer aux causes profondes. En faussant le jeu, cet arsenal ne permet ni de comprendre l'origine de la dépression, ni de perdre les kilos accumulés. Bien sûr, il atténue la souffrance, il ne faut pas le dédaigner, mais refuser de s'en contenter.

Accepter de traverser la souffrance

La dépression est souvent cachée derrière des mots vagues – déprime, cafard – et parfois masquée par une hyperactivité, elle passe alors inaperçue et fait des ravages pendant des années. Bien souvent, dès qu'on commence à faire un travail sur soi, dès que l'on accepte de se confronter à la douleur de la perte, on commence à maigrir. C'est bien le seul cas où il faut commencer par souffrir pour mincir ! Il faudra accepter de se mettre en retrait, au ralenti, quitte à prévenir les autres que vous traversez une période difficile, au lieu d'essayer à tout prix de faire *bella figura,* comme disent les Italiens. Refusez momentanément les contraintes, reconnaissez-vous comme malade, chouchoutez-vous. Que feriez-vous si c'était votre enfant qui allait mal ? Vous lui feriez un bon chocolat chaud, vous lui raconteriez des histoires, vous supporteriez son désordre ? Alors, supportez le vôtre, pleurez sur ce que vous avez perdu, acceptez de vous faire consoler. La fragilité n'est pas une tare. Vous allez passer par ces différentes étapes : la reconnaître, l'accepter, vous protéger, puis vous réparer quand cela commencera à aller mieux, d'ici quelques mois. Oui, ce travail est long, peut même prendre une année, voire deux, selon l'intensité de la dépression, mais ce cheminement est incompressible. Acceptez de traverser la souffrance pour en sortir grandie, changée, une fois pour toutes. Et surtout, à nouveau apte à aimer ! Car lorsque nous sommes déprimés, non seulement nous nous négligeons, mais nous négligeons aussi les autres. Si, après une rupture amoureuse, le chagrin ne s'estompe pas, si la douleur vous étonne par son intensité – vous ne pensiez pas être si amoureuse –, c'est sans doute que votre chagrin est gonflé par un autre, plus ancien. Tout se passe comme si cette rupture avait réveillé une séparation d'autrefois, à l'image d'un tremblement de terre qui aurait mis au jour des objets du passé. Il est temps pour vous de repérer ces douleurs de jadis et de les affronter.

Repérez les émotions d'autrui

Une fois vos propres émotions repérées, analysez l'ambiance émotionnelle dans laquelle vous baignez, les émotions de votre entourage, de votre compagnon, de vos enfants, de vos parents, de vos amis... Que ressentez-vous à leur contact ? En quoi influencent-elles les vôtres puisque nous sommes toujours en interaction les uns avec les autres ? Quand nous vivons avec une personne triste, son état rejaillit forcément sur nous, nous voilà à notre tour d'humeur maussade. Tout comme la joie est contagieuse, la tristesse l'est aussi. Naturellement, il n'est pas question de fuir toutes les personnes malheureuses, mais de prendre conscience de l'impact éventuel qu'elles ont sur nous pour nous en protéger. Votre compagnon est sans cesse bougon, voire un peu dépressif ? Mal dans sa peau, il envoie de mauvaises ondes et votre sas de décompression sera d'avaler quelques douceurs devant le poste de télévision. Attention, certaines personnes peuvent se révéler très toxiques, elles nous vampirisent, sans que nous nous en rendions compte, puisque nous avons mis en place cette protection. Tout aussi important est de repérer les personnes et les lieux qui nous font du bien et nous apaisent : l'amie avec qui nous déjeunons régulièrement et qui irradie notre journée par son caractère joyeux, positif et plein de vie, le jardin dont le calme et la sérénité rejaillissent sur nous...

Et grossir de bonheur...

Terminons par une émotion qui a priori ne devrait pas entraîner un surpoids : la joie. Et pourtant... Certaines personnes, quand elles sont en proie à un sentiment fort de contentement, le célèbrent avec de solides agapes, qui se traduisent par un bond sur la balance. Cela nous arrive souvent en vacances où nous nous laissons aller au plaisir de manger et de boire plus que de raison, en bonne compagnie. Ces kilos-là en général ne s'éternisent pas. Mais la situation peut être plus tordue : ce qui nous met en joie est inacceptable pour nous, car cela déclenche de la culpabilité. La romancière Marguerite Yourcenar avait une formule magnifique pour illustrer cette contradiction : « Ah, je suis heureuse aujourd'hui ! À qui vais-je bien devoir demander pardon ? » Il existe également une sorte de superstition qui voudrait qu'après une grande joie, un grand malheur ne soit jamais loin, comme s'il fallait la payer. Autant alors réprimer son intensité pour limiter le retour de bâton... Cette frilosité à accepter la joie peut être un reliquat de l'enfance, où la joie n'avait pas cours. Les petites phrases de votre mère vous reviennent peut-être : « Chez nous, toutes les femmes sont malheureuses. » Votre compagnon voit d'un mauvais œil cette joie soudaine qu'il associe peut-être à une infidélité et vous la ravalez aussitôt. Pourtant, la joie a un véritable impact bénéfique sur le poids. Ce ne sont pas les pics de joie qu'il nous faut rechercher, mais un état de sérénité continu, grâce à la multiplication des petits plaisirs simples de la vie. La joie n'est pas à l'extérieur de nous, mais en nous. Ce qui ne doit pas nous empêcher d'être perméables aux joies de notre entourage, aux joies du monde, qui viendront s'agréger aux nôtres pour tisser un climat favorable qui nous permettra de nous délester de nos kilos. Se nourrir de joie, tel est le programme que nous vous proposons.

Tenez votre carnet de bord

Pendant quelques semaines, vous allez noter tout ce que vous mangez, en y associant les émotions ressenties avant, pendant et après, sans vous restreindre pour autant. Le surpoids est souvent une façon de jouer à cache-cache avec soi-même, il est temps de lever le voile. Dans ce carnet, inscrivez tout ce que vous mangez dans la journée, comme certains nutritionnistes vous l'ont peut-être déjà suggéré. Mais là, il ne s'agit pas seulement de faire l'inventaire de ce que vous ingurgitez, mais de noter les différents événements, puis les ressentis qui ont précédé votre repas ou collation. Par exemple : « J'ai eu un coup de fil de ma mère... », « Mon mari a laissé une fois de plus la cuisine en désordre... », « Mon ado m'a mal répondu... ». Il est important d'avoir pris la peine auparavant de bien distinguer le type d'émotions qui vous assaillent fréquemment, comme nous l'avons vu plus haut. Dans un premier temps, notez tout, sans tenter de faire de liens : l'heure, la nature de ce que vous avez mangé, les événements qui vous ont fait réagir, qu'ils aient été suivis ou pas d'une prise alimentaire. Vous noterez aussi de 1 à 10 le degré de votre faim. Tracez trois colonnes : l'événement, le ressenti, ce que vous avez mangé. Notez aussi les moments où vous mangez en pleine conscience pour vous calmer : là, je sais que je mange une glace parce que je n'ai pas le moral, je pourrais faire autre chose, je n'ai pas faim, mais c'est ce qui me fait le plus plaisir, et pourquoi pas ? Quand vous mangez ainsi, le débordement est limité, il a un début, une fin, et ensuite, vous passez à autre chose. Rien à voir avec les moments où vous engouffrez tout ce qui vous tombe sous la main, sans bien savoir quand cela va finir. N'oubliez pas aussi de noter les moments joyeux. Vous êtes allé au théâtre, vous vous êtes fait faire un massage... et vous n'avez pas pensé à manger pendant trois heures ! Personne ne sort de chez le coiffeur en mourant de faim, en revanche, après une mauvaise journée, il est fréquent de se ruer sur des aliments hypercaloriques.

Analysez le contexte et ses répercussions

Pour chaque émotion, vous avez noté les raisons de son apparition. Mais il faut aller plus loin, car une émotion peut en cacher une autre. C'est le cas typique de la colère, qui n'exprime souvent qu'une déception, une tristesse n'arrivant pas à être formulées. Ou, à l'inverse, une tristesse vient parfois prendre la place d'une colère retenue par peur de décevoir, d'être rejeté, ou d'aller trop loin... Les émotions voyagent souvent en groupe, il faut donc aller plus loin que leur simple constat. Un exemple ? Votre compagnon rentre tard et, une fois de plus, c'est vous qui allez assumer seule le rush avec les enfants. Mais si vous êtes sincère avec vous-même, vous savez bien que cette colère ne vient pas de là. Vous ne faites plus l'amour depuis des mois, vous craignez qu'il ait une autre femme dans sa vie : colère contre son égoïsme, peur de le perdre, tristesse de voir votre couple se déliter forment un cocktail explosif bien loin du fait que vous ayez à préparer seule le repas. Résultat : vous finissez l'assiette des enfants, plus leurs desserts, et vous ajoutez dans la balance la culpabilité !

Le paysage de vos émotions

Le fait d'avoir tenu ce journal va vous permettre d'y voir plus au clair dans votre relation avec la nourriture, mais aussi dans votre vie en général, vous ne serez plus débordée par ce qui vous arrive, même s'il s'agit de vos débordements ! Vous en aurez désormais une lecture, un paysage, qui vous permettront d'avoir moins peur et de retrouver une certaine maîtrise sur les événements. Une piste encore : il n'est pas facile de repérer l'émotion à chaud, dans le feu de l'action. Le soir est un moment propice pour revisiter votre journée : tranquillement installée dans votre lit, faites le bilan des événements et des émotions ressenties.

9

RÉAPPROPRIEZ-VOUS VOTRE CORPS

Votre surpoids vous a fâché avec votre corps. Il est devenu l'ennemi qui vous trahit, celui qui vous prive du bonheur d'être mince, du bonheur d'être aimé. Nous vous proposons dans un premier temps, non de l'aimer tout de suite, mais de commencer au moins par le traiter avec respect.

Notre carte de Tendre

Nous pensons avoir un corps en chair et en os, une sorte de carcasse que nous habitons, tel l'escargot ou la tortue. Mais notre corps est bien plus que cela : il a une histoire, une représentation mentale bien plus importante encore que ses contours réels. Nous colorons différemment certaines parties, comme une carte de géographie, et certaines sont plus investies que d'autres, c'est le cas de nos seins, notre ventre, nos fesses. Si nous dessinions notre corps en fonction de ce que nous pensons de ses différentes composantes, le résultat serait sûrement très surprenant, tant notre vision est subjective. Nous avons les yeux de notre père, les cheveux de notre grand-mère, les hanches de notre tante, filiation qui peut nous rendre plus ou moins heureuse selon les relations que nous entretenons avec toutes ces personnes. Notre schéma corporel est constitué de l'ensemble de ces représentations, auxquelles s'ajoute chaque vécu particulier : c'est ce nez dont les enfants se moquaient quand nous étions à l'école, ce sont ces seins qu'un amant mal intentionné avait critiqués, ce sont ces jambes qui sont peut-être restées des mois dans un plâtre suite à un accident...

« Comment tu les trouves, mes fesses ? »

Il faudrait arpenter notre histoire corporelle, en revisitant notre corps de la tête aux pieds. Vous souvenez-vous de la scène dans *Le Mépris* de Jean-Luc Godard où Brigitte Bardot passe en revue, une à une, chaque partie de son corps pour la soumettre à l'approbation de son compagnon joué par Michel Piccoli ? Faisons le même travail pour nous et nous serons étonnés de voir que nous aimons certaines parties de notre corps et en détestons d'autres. Cela vaut la peine de se demander pourquoi... Ainsi, grossir du ventre est souvent en lien avec la difficulté de rompre le cordon ombilical.

L'image corporelle évolue avec le temps : nous avons été minces, puis gros, puis à nouveau minces. Certaines personnes, alors qu'elles ont atteint un poids tout à fait raisonnable, se considèrent toujours comme grosses, comme si cette identité leur collait à la peau. Rien d'étonnant à cela...

Le temps du changement

La durée est souvent évoquée quand on parle de perte de poids, mais il existe aussi un temps psychique, c'est pourquoi la rapidité n'est jamais une bonne chose. À partir du moment où vous allez maigrir, une nouvelle image va s'imposer à vous, mais si le changement est trop brutal, vous n'allez plus vous reconnaître. Et les autres non plus. A priori, vous pensez que vous ne pouvez que vous en réjouir, ce n'est pas aussi simple. Passé la période d'euphorie où vous voudrez faire admirer votre nouvelle silhouette, vous risquez d'être en proie à l'anxiété. C'est très déstabilisant d'avoir peur de ce que l'avenir nous réserve, de changer d'allure, il faut faire le deuil de ce que nous étions. Grosses, nous connaissions la chanson, mais minces ? Nos kilos n'étaient pas là sans raison, nous l'avons vu dans un chapitre précédent. Comment affronter la réalité sans cette carapace ? Plus la perte de poids sera rapide, plus l'angoisse sera importante, et plus elle pourra vous conduire à faire machine arrière, à reprendre du poids pour vous apaiser. Ou bien, le petit vélo négatif reprendra sa course : « Cela ne va pas durer, je le sais bien, aucun régime n'a marché, alors... » De quoi vous jeter effectivement à nouveau sur le pot de pâte à tartiner. Il est bon de savoir qu'il faut au minimum un an pour faire le deuil de ses kilos, supporter le changement, se réconcilier en profondeur avec sa nouvelle image corporelle. Comme on le constate pour la cigarette, avant ce laps de temps, nous pouvons rechuter. L'avantage de la démarche que nous proposons ? La perte est moins rapide mais bien plus solide, car vous allez avoir le temps de vous habituer petit à petit à votre nouveau corps. Et de changer psychologiquement. Durant toute cette période, vous serez fragile, un peu comme les adolescents lorsqu'ils quittent leur corps d'enfant pour migrer vers leur corps d'adulte.

Ne livrez pas votre corps en pâture

Vous commencez à mincir ? Évitez de vous peser trop souvent, de toute façon vous le sentez à vos vêtements. Mais surtout, n'en parlez pas autour de vous.

Soyez pudique avec les changements de votre corps. Votre poids, c'est une affaire entre vous et vous, cela ne regarde personne. Votre entourage vous le fait remarquer ? Changez de sujet de conversation et, si quelqu'un insiste, allez même jusqu'à nier. Deux raisons à cette attitude : d'abord, si vous laissez les autres se mêler de votre poids, vous allez subir leur pression. Leur regard va vous installer sous leur contrôle et vous vous sentirez constamment surveillé du coin de l'œil. Si jamais vous vous accordez un dessert, leur regard ironique suggérera peut-être : « Ah bon, je croyais que tu étais au régime ? » Si vous refusez de vous resservir d'un plat, vous risquez d'entendre : « Allez, ce n'est pas pour une fois, tu ne vas pas doubler de volume, tu n'es pas drôle... » Ensuite, et surtout, votre entourage n'a pas à avoir un jugement sur votre corps, ni en négatif ni en positif. Il vous appartient, personne n'a le droit d'en disposer en faisant des commentaires à son propos. Ne livrez pas votre corps en pâture, vous n'êtes pas au tribunal quand vous décidez de perdre du poids. Ce sera votre façon de vous le réapproprier, surtout si vous ne l'avez pas fait avant. Et si vous avez besoin d'en parler ? Ne le faites qu'avec des personnes de grande confiance, ou des professionnels. En revanche, ce que vous pouvez dire à votre entourage, sans parler de régime, c'est que vous avez décidé de changer certaines choses dans votre vie.

Prendre son temps...

Manger correctement nécessite de préparer des plats pour éviter de tout engloutir. Vous allez donc prendre du temps pour faire les courses, cuisiner, autant d'activités qui vont vous conduire à en abandonner d'autres. Grignotez plutôt sur les corvées, occupez-vous un peu plus de vous, un peu moins des autres. Ou occupez-vous des autres autrement, d'une manière qui vous fasse plaisir à vous aussi. Au départ, attendez-vous à des réactions hostiles, même et surtout de la part de ceux que vous aimez. Le couple est un subtil équilibre et tout changement amène chacun à se repositionner. Que dira ce mari qui avait pris l'habitude de faire la cuisine – si, si, il en existe – quand vous déciderez de lui reprendre la casserole des mains ? Peut-être qu'il en sera soulagé, peut-être pas. Que diront les enfants qui ont l'habitude que vous goûtiez avec eux ? Peut-être se réjouiront-ils que vous soyez moins sur leur dos, ou pas. Mais petit à petit, quand ils vous verront plus épanouie, gageons qu'ils en seront contents aussi. Les amis encore ne vont pas manquer de réagir. Devant la perte de poids, certaines « copines » risquent d'en prendre ombrage, surtout si elles essaient elles aussi de faire un régime sans succès. Tenez bon, souriez quand l'une d'entre elles vous dit que maigrir vous vieillit. Il faut vous préparer à faire face à l'amertume de tous ceux qui n'arrivent pas à perdre leurs kilos en trop. Comme nous le disions plus haut, n'attendez rien du regard des autres. Si vous acceptez les compliments, vous aurez aussi à subir les reproches. Nous le répétons : personne n'a le droit de juger notre corps. Vous n'êtes pas une boule, pas seulement une femme en surpoids : vous lisez des journaux, vous avez des commentaires à faire sur le dernier film que vous avez vu, le dernier livre que vous avez lu. Évitez de vous laisser enfermer dans une case.

Retrouver son corps

Notre corps est un ennemi qui nous échappe, que nous ne voulons plus voir dans la glace. Pour le réinvestir

lentement, nous vous proposons d'embellir tout ce qui, à votre avis, peut l'être et n'a rien à voir avec votre ligne. Travaillez à la périphérie en allant chez la manucure, le coiffeur, en vous épilant les sourcils, les jambes, en vous plongeant dans des bains parfumés et moussants. C'est devenu une évidence, mais on ne dira jamais à quel point les massages sont une merveilleuse façon de se réconcilier avec son corps. Vous n'osez pas le confier à une personne étrangère ? Il existe de nombreux livres qui enseignent les automassages. Dans un premier temps, vous pouvez vous masser juste en vous passant chaque jour du lait sur le corps. Si vous êtes en couple, vous pouvez aussi le demander à votre compagnon. Même, et surtout, si au lit vous avez du mal à vous retrouver. Pour le motiver ? Massez-le la première...
Essayez d'avoir un œil tolérant sur votre corps, même si ce n'est pas facile. Si vous ne les avez pas déchirées, regardez vos photos d'hier et d'aujourd'hui, sachant que les détruire n'est pas une façon de régler le problème, bien au contraire ! Faites des autoportraits de vous, demandez à être prise en photo. Apprendre petit à petit à assumer ses rondeurs, c'est apprendre à s'aimer soi, à s'aimer malgré son corps, puis grâce à son corps... Voyez-le comme un arbre épais, solide, que l'on a envie de caresser, il a de la vie, il a de l'expérience. A-t-on la même attirance pour un noisetier ou un bouleau ? Certaines rondes sont très harmonieuses, surtout quand elles ne se détestent pas. Une piste ? Plantez-vous devant votre miroir et décidez d'adopter une partie de votre corps : vos longues mains, votre chevelure... Vous avez une belle poitrine ? Offrez-lui une lingerie de qualité, mettez-la dans un écrin. Elle fera oublier votre postérieur que vous trouvez trop imposant. Dans le même registre, pourquoi ne pas porter des caracos soyeux, pour que votre peau soit

en contact avec une sensation de douceur ? Stimulez positivement votre enveloppe corporelle, vous aurez moins envie d'en stimuler l'intérieur en mangeant.

Votre corps vous parle

Les personnes en surpoids vivent souvent à côté de leur corps. Elles font taire ce corps honni, n'entendent rien de ce qui vient de lui, ni les muscles ni les articulations, pas même les palpitations cardiaques, c'est à peine si elles le sentent vivant ! Mais ce dernier n'est pas un objet, il est les caresses que nous avons reçues, il est notre rapport au monde. En lui faisant du bien, nous faisons du bien à notre moi profond. Retrouvez une relation entre vous et votre corps, même si vous ne vous reconnaissez pas dans cette forteresse. Peut-être est-ce parce que vous ne l'habitez pas vraiment que vous le laissez juger par les autres ? En mettant votre corps en avant, c'est lui qui est critiqué, pas vous, mais c'est quand même de vous qu'il s'agit, même si vous feignez de l'ignorer... Apprenez à le défendre. Ne l'utilisez pas comme une armure ou une machine de guerre, mais comme une pièce unique qu'il convient de protéger et de mettre en valeur. Et si vous devez vous battre, faites-le par la parole en disant ce que vous ressentez réellement.

Soignez vos vêtements

Ne vous réfugiez pas dans le renoncement, le négligé, puisque, après tout, grosse pour grosse, moche pour moche, à quoi bon faire des efforts ? On constate que les personnes en surpoids sont souvent dans deux extrêmes : soit elles s'habillent en noir sous prétexte que cette couleur mincit – mais surtout à notre avis parce qu'elles portent le deuil de leur beauté –, soit elles sont dans la provocation, mettent des couleurs flashy, se teignent en vert, portent des bottes en lézard, l'air de dire : « Si cela ne vous plaît pas, c'est pareil ! » Peut-être pouvez-vous faire des choix moins radicaux ? Choisissez des vêtements qui vous font du bien, sachant que rien ne mincit. À l'inverse, ne pensez pas que l'excentricité permet de ne pas trop voir votre surpoids car essayer de leurrer les autres n'est jamais satisfaisant, et vous ajoutez une frustration supplémentaire en adoptant des vêtements qui ne vous correspondent pas. Votre attitude montre que vous vivez sous le regard des autres. Il va falloir rompre avec cette dépendance. Vous ne vous sentez bien dans rien ? Eh bien, portez au moins des habits que vous aimez.

Osez dès aujourd'hui les habits qui vous plaisent !

Commencez par vous habiller comme si vous n'étiez pas en surpoids. Il existe aujourd'hui de belles boutiques, avec des modèles à la mode, bien coupés. Ne remettez pas votre envie de jupe pour le temps où vous ferez un 38. Osez maintenant, cela vous aidera à mincir. Osez la couleur, osez le sobre, bref, osez ce qui vous plaît, en sachant que de toute façon vous ne serez pas plus ridicule qu'en vous habillant en Maya l'abeille ou en veuve portugaise. Au contraire : bien dans votre tenue, vous ferez oublier plus facilement vos kilos. Portez de beaux bijoux, de jolis sacs, de jolies écharpes, bref, des accessoires qui égaient cette fameuse robe noire que vous ne voulez pas quitter. N'écoutez pas les conseils des magazines : mettez des chapeaux si vous les aimez, même si les rédactrices de mode anorexiques vous ordonnent le contraire. Le principal est d'être en cohérence avec vous-même. Les vêtements sont comme une seconde peau qui rejaillit non seulement sur la façon dont nous nous percevons, mais aussi sur celle dont les autres nous perçoivent. Ils peuvent vous rendre – un peu – cette assurance qui vous fait défaut. Faites-en des alliés. Les médias proposent le modèle de la grosse agressive, hargneuse, le cheveu gras et mal fagotée, mais on peut être forte, bien habillée et souriante, même si on n'est pas que la « gentille ».

Le sport ?
Oui, pour retrouver les limites de votre corps

Le sport est un bon moyen pour renouer avec les sensations physiques. Comme pour les vêtements, choisissez des activités qui vous attirent vraiment. L'exercice seul n'est pas suffisant pour perdre du poids, mais il va vous faire découvrir le potentiel de votre corps, malgré vos kilos, vous permettre d'en connaître les limites et de vous rendre compte que vous pouvez lui demander bien plus que vous ne le pensiez. Votre difficulté vient peut-être de votre tendance à le comparer à celui des autres, de l'obligation d'affronter le regard qui vous inhibe ? Mais à la piscine, il est possible de mettre un peignoir ou un paréo et de l'enlever juste avant d'entrer dans l'eau. L'intérêt de cette activité est que le corps, qui semble toujours si pesant, flotte, l'eau l'enveloppe. Regardez du côté des sports presque toujours délaissés quand on est en surpoids, pour des a priori sans fondement : ce n'est pas parce que vous êtes grosse que vous êtes fragile. C'est paradoxal, mais les personnes en surpoids ont toujours l'impression qu'elles vont se casser quelque chose, parce qu'elles se vivent comme bancales, en déséquilibre. Ainsi, l'équitation : la personne forte va réaliser que le cheval ne la trouve pas lourde du tout, que son poids ne l'empêche pas de partir au galop. De plus, l'équitation libère les émotions dans la communication avec l'animal. Le ski est également un sport intéressant, auquel peu de personnes pensent. Cachée derrière une épaisse combinaison, une grosse doudoune, vous avancez ni vue ni connue, important pour prendre de l'assurance... Et puis, si vous tombez, vous vous ferez moins mal, et le fait d'avoir osé dépasser votre inquiétude va vous rendre de plus en plus hardie ! Le cours de yoga, le Pilates sont également des pistes intéressantes qui allient un programme en douceur avec des partenaires souvent bienveillants. Ce n'est pas parce que vous n'êtes pas douée qu'il ne faut pas entreprendre une activité, l'essentiel est d'en trouver une qui vous plaise. Sinon, le sport deviendra une raison supplémentaire de vous plaindre de votre corps. Évitez en tout cas les clubs de gymnastique, où des brindilles transpirent pour perdre 500 grammes... Le sport n'a de sens que si ce n'est pas une contrainte. Bien sûr les premières fois, après une journée de travail, il faut souvent se motiver. Mais il est important pendant ou après la pratique sportive de ressentir du plaisir. Donc, faites le choix d'activités sportives susceptibles de vous plaire. Enfin, le sport est aussi un moyen de faire des rencontres : rondes ou pas, les femmes qui s'activent séduisent.

Osez la nudité !

Voilà l'étape ultime, car évidemment il sera plus facile de vous dénuder si vous avez déjà entrepris une démarche pour être plus tolérante avec votre corps. Nous avons tous un plaisir exhibitionniste que notre éducation nous a appris à tempérer, pulsion d'ailleurs réactivée à la puberté, comme en témoignent chez nos ados les strings qui dépassent, les jeans qui tombent sur les fesses. Cette pulsion existe donc, et bien qu'il soit nécessaire de la contrôler, elle a besoin aussi d'être satisfaite. À trop la retenir, un mal-être risque de s'installer.

La personne forte ignore que sa nudité peut donner du plaisir à autrui, à l'instar du héros très enveloppé dans *The Full Monty* lors d'une des scènes les plus émouvantes du film : sa femme l'encourage à participer à un spectacle de Chippendales, parce qu'elle aime son corps rond, elle aime le voir nu, à la grande surprise de ce dernier. Essayez le hammam, fréquenté souvent par des femmes fortes, pas forcément jeunes, pas forcément belles. Les Orientales ont un rapport plus détendu à leur corps, et cet apaisement rejaillit sur les Occidentales. L'avantage du hammam ? Vous serez plongée dans la brume, dans une lumière tamisée. Il y a ici un sens à être nu, car on s'y rend non seulement pour transpirer, mais aussi pour se laver, gommer son corps. La même décontraction règne dans les pays nordiques où les femmes entretiennent une relation décomplexée avec leur corps : quel que soit leur âge, elles ne craignent pas de se mettre nues au sauna ou à la piscine. Pourquoi ne pas essayer le camp de naturistes ? C'est un lieu de tolérance, où l'on ne rencontre pas que des top models, c'est rassurant. Le camp ne vous attire guère ? Il existe des endroits sur les plages, à l'abri des regards, où l'on peut mettre son corps nu au soleil, se baigner sans maillot... Mais au fait, pourquoi oser la nudité ? Parce qu'elle soulage les tensions : nus, nous avons un puissant sentiment de liberté, nous retrouvons une part de notre animalité, sans compter que la difficulté à se mettre nu n'est pas propice à l'abandon, notamment dans le domaine de la sexualité. Là encore, la démarche va être progressive, la nudité doit s'apprivoiser. Dans un premier temps, promenez-vous nue quand vous êtes seule dans votre appartement, puis face à votre compagnon, enfin devant des étrangers. Mais peut-être que pour vous, ce sera l'inverse : vous aurez moins de difficultés à vous mettre nue devant des étrangers.

À méditer, car le mot « oser » montre bien que ce n'est pas si facile. La nudité renvoie à nos premières sensations corporelles, à la façon dont nous avons été portés, caressés ou pas, et ce, bien avant la parole. Elle a une longue histoire, qui peut être positive comme négative. Le terme « se mettre à nu » est en ce sens révélateur, il suppose d'avancer sans masque, avec nos fragilités. Nus, nous ne sommes plus maîtres du regard de l'autre...

Toutefois, la nudité n'a rien d'obligatoire, il ne s'agit pas de mener un combat contre soi. Dans l'intimité, le dévoilement est un des gestes les plus érotiques qui soit.

Pour vous encourager, regardez des films avec des actrices dodues, sensuelles, bien dans leur peau. Au début de *Bagdad Café*[1], un excellent film de la fin des années quatre-vingt, l'héroïne, une grosse femme boudinée dans un vilain tailleur marron, un chapeau ridicule vissé sur la tête, est larguée sur une route par son goujat de mari. À la fin, elle pose nue devant un peintre qui la regarde avec tendresse et désir : elle est devenue magnifique, sans avoir perdu un seul gramme...

1. *Bagdad Café*, de Percy Adlon, 1987, avec Marianne Sägebrecht.

10

MANGER MIEUX, MANGER BEAU, MANGER ÉLÉGANT...

Pour faire fondre vos kilos, il va vous falloir changer vos habitudes alimentaires. Non pour vous affamer, mais pour vous réconcilier avec la gourmandise. Bref, vous allez devoir apprendre à aimer manger !

Amorcez le virage

« Ha, ha ! » Sans doute riez-vous tout bas en abordant ce chapitre : voilà maintenant le régime qui pointe son nez ! Après nous avoir dit qu'il ne s'agissait pas de nous priver, le temps des restrictions est venu. Rassurez-vous, nous n'avons pas recouvert l'huile de foie de morue d'une couche de miel... Nous vous promettons qu'il ne s'agit en aucun cas de vous affamer, de renoncer à ce que vous aimez, mais de commencer à prendre conscience de ce que vous mettez dans votre assiette, et donc dans votre corps... Bien manger est un divin plaisir qui n'est pas séparable de cette prise de conscience. Pensez-vous réellement pouvoir perdre du poids en continuant à vous gaver de pâte à tartiner en rentrant du travail ? Non, vous savez bien qu'une telle promesse serait illusoire. En revanche, nous vous assurons que vous allez perdre du poids en redécouvrant le plaisir de manger, mais de bien manger. Haricots verts à tous les repas ? Que nenni ! Ici, aucun aliment n'est proscrit, il suffit de trouver la juste dose.

Incorporez de bons aliments

Mieux manger n'a pas pour unique but de mincir ou de stabiliser son poids. Quand nous mangeons diversifié, quand nous choisissons de mettre dans notre corps des aliments de qualité – et nous ne parlons pas que de carottes râpées sans huile ! –, nous avons une meilleure image de nous-mêmes, nous nous sentons plus denses, plus riches. En faisant du bien à notre corps, nous estimons avoir de la valeur, être une personne qui le mérite. À l'inverse, quand nous nous goinfrons d'aliments pauvres, hypercaloriques, gras et sans intérêt nutritionnel, nous nous dévalorisons par la même occasion. Savez-vous que les aliments jouent un rôle sur notre humeur ? Le contenu de notre assiette influence nos états d'âme[1]. La sérotonine, hormone de la bonne humeur, est activée par le chocolat et la banane, véritables antidépresseurs naturels, tout comme le fromage fermenté et le vin, même s'il s'agit de ne pas en abuser pour perdre du poids. Peut-être est-ce la raison pour laquelle les Italiens sont des Français de bonne humeur ? Phénomène moins connu, les artichauts, le potiron, les oignons seraient des toniques sexuels, tout comme le poivre, le safran et la muscade. Or faire l'amour influence de façon bénéfique notre humeur et, bien que cette activité ouvre souvent l'appétit, elle ne nous pousse pas à dévaliser le frigo de façon compulsive. Quant à la cannelle et au gingembre, en stimulant la circulation sanguine, ils favoriseraient

1. Pour plus de détails, lire de Stéphane Clerget, *Soigner son moral au naturel*, Albin Michel, 2012.

le sentiment amoureux ! À l'inverse, certains aliments sont à consommer avec modération : trop de sel est cause de tension élevée, laquelle s'accompagne d'une humeur dépressive. Une carence en fer entraîne un abattement physique et moral, d'où la nécessité de manger régulièrement des viandes rouges, des fruits et des légumes secs, sans oublier le chocolat – décidément, voilà bien un aliment indispensable ! Les fameux Oméga 3 – dont on vous rebat les oreilles à juste titre – ont une action bénéfique sur la réduction du stress, grand pourvoyeur de kilos. Où les trouver ? Principalement dans l'huile de noix, de colza, de lin, dans les poissons comme le saumon et le thon, ainsi que dans le cresson, le chou et les épinards. Bonne nouvelle pour tous les amateurs de café et de thé : si un excès de ces breuvages augmente le stress, à dose raisonnable ils ont un effet bénéfique sur l'humeur. Prenons encore le sucre qui nous tonifie moralement et physiquement : nous en avons un besoin génétique vital, sans cette appétence les bébés se laisseraient mourir de faim. Pourtant, alors qu'il est reconnu depuis des siècles comme un puissant calmant pour les angoisses, c'est le premier que l'on nous enjoint de supprimer dans les régimes ! Pas étonnant ensuite que vous déprimiez, pas étonnant que vous mangiez trop, pas étonnant que vous grossissiez, pas étonnant que vous déprimiez à nouveau...

Écouter ses envies ? Oui, mais...

L'idéal serait d'écouter vos envies spontanées. L'été, nous sommes en général attirés par les produits frais, la salade, les fruits, les sorbets, les poissons grillés sentant bon le laurier et le thym. À l'inverse, dès que l'automne et les premiers froids arrivent, nous voilà pris d'un désir de noix, de confiture de châtaignes, de pot-au-feu, de tarte aux pommes à la cannelle. Toutefois, cette tendance n'existe que si nous avons reçu une véritable éducation alimentaire, si nos parents nous ont habitués à manger de tout, sinon, nous risquons de n'avoir envie que de pâtes et de hamburgers, quelle que soit la saison. L'organisme sait ce dont il a besoin, à condition encore une fois d'avoir bénéficié d'une éducation alimentaire. Les régimes ont peut-être détraqué votre boussole intérieure en créant petit à petit un ras-le-bol des légumes vapeur et une appétence démesurée pour les aliments dits « interdits », comme le gras, le sucre, les féculents. Les aliments très gras sont en général mauvais pour l'organisme, ils nous rendent lourds, pesants, et donc pas forcément gais, sauf quand il fait très froid, qu'on rentre du ski ou de randonnée. Pourquoi alors se faire du mal, à l'instar d'une boulimique capable d'avaler une motte de beurre ? En revanche, quand nous mangeons bien, à notre faim, de bons aliments, nous voilà d'excellente humeur.

Les aliments ont une histoire

Si les aliments influencent nos états d'âme grâce à leur composition, ils ont aussi un effet sur notre mémoire, comme l'a montré magistralement Marcel Proust avec la petite madeleine de son enfance. Chacun de nous a aussi sa ou plutôt ses madeleines. Pour l'enfant que nous avons été, l'aliment est vivant : en avalant une carotte, c'est aussi une forme, une couleur, tout autant qu'une saveur que nous ingérons. Lucile détestait les lentilles car, petite, à la cantine, on l'avait laissée pendant quatre heures devant son assiette jusqu'à ce qu'elle la finisse... Avant d'avoir fait le lien entre son rejet et cet épisode sadique, elle détestait également tous les aliments de couleur marron. Bref, la nourriture ayant un fort pouvoir émotionnel, il est bon de vous poser quelques questions sur vos goûts et dégoûts, peut-être pourrez-vous ainsi vous réconcilier avec des plats bannis de votre assiette depuis votre tendre enfance. Dans un contexte déminé, l'épinard persécuteur peut redevenir un allié...

Mangez en bonne compagnie

Ah, qu'il est doux et bon de manger en compagnie de personnes que nous apprécions ! Nous évoquons les plats, les saveurs, échangeons agréablement... Privilégiez les repas sociaux. Non, vous n'êtes pas obligé de boire du vin, ni de choisir au restaurant une choucroute à la carte, surtout si vous y mangez cinq fois par semaine. On y sert aussi des grillades et des poissons vapeur... Ne vous sentez pas tenue de prendre la même chose que vos amis, écoutez vos envies. Mais peut-être trouvez-vous là une occasion de vous lâcher, parce que vous passez votre temps à manger seul pour pouvoir suivre votre sacro-saint régime ? Pourtant, manger seul est déprimant et, souvent, vous finissez par grignoter l'après-midi une barre chocolatée pour compenser la triste salade avalée sur un coin de table. Un bon repas avec des amis, même léger, aurait été sans doute plus nourrissant, dans tous les sens du terme. Une récente étude sur l'allaitement maternel montre qu'il est une prévention contre l'obésité. Sans doute parce que tout ce que mange la mère teinte le lait de saveurs différentes, introduisant dès les premiers jours une éducation à la variété, alors que le lait industriel a toujours le même goût. C'est pourquoi les bébés indiens adorent l'odeur du curry, et les bébés méditerranéens, celle de l'ail ! Mais la composition du lait n'explique pas tout, le bon climat émotionnel qui accompagne le repas du bébé y est sans doute aussi pour beaucoup. En revanche, manger en mauvaise compagnie rend le repas indigeste, même s'il s'agit juste de poireaux vinaigrette. Nous nous mettons à investir négativement la nourriture, et les aliments vont générer du stress. Marie témoigne de son dégoût pour tous les cakes, la spécialité d'une grand-mère acariâtre chez qui elle passait toutes ses vacances ; elle les mangeait sans plaisir, même si cette vieille dame était une cuisinière hors pair. Par association métaphorique, elle déteste tous les cakes, parce qu'ils lui rappellent de trop mauvais souvenirs. Méfions-nous encore des personnes avec lesquelles nous déjeunons à midi. Dans l'entreprise aujourd'hui, l'ambiance est à la méfiance : plus personne ne peut dire ce qu'il pense sincèrement. Résultat, quand nous ne pouvons pas exprimer ce que nous avons sur le cœur, la nourriture nous reste sur l'estomac. Choisissons nos convives, même à la cantine... Quand vous mangez avec des personnes que vous aimez bien, qui vous comblent avec leur conversation, vous ne finissez pas tous les plats, vous ne raclez pas nerveusement votre assiette avec votre pain. Nous en sommes persuadés : un cassoulet dégusté de temps en temps en bonne compagnie ne vous fera jamais grossir. Le même, avalé à moitié réchauffé, solitaire, debout dans la cuisine, a toutes les chances de vous rester sur les hanches...

Jamais devant un écran...

S'il y a un conseil auquel nous tenons plus que tout, c'est celui-ci : ne mangez ni devant la télévision, ni en surfant sur Internet. La plupart du temps, lorsque nous cédons à cette facilité, nous ingurgitons des plats tout préparés, vite faits, mal faits. Plus ennuyeux, nous ne repérons plus aucune saveur, aucune odeur. L'alimentation est sans identité, c'est à peine si nous savons ce que nous avalons. Même un plat avec du croquant est ingéré comme de la bouillie. Ce que l'on sait moins, c'est que ce que nous voyons à l'écran est « mangé » également ; sans nous en rendre compte, nous absorbons les émotions des autres, qui viennent brouiller les nôtres. Plus ennuyeux, les aliments perdent leur valeur émotionnelle et à la place nous avalons les pleurnicheries des séries...

Retrouvez votre gourmandise

Avec tous ces régimes qui affament, vous avez perdu votre boussole intérieure, celle qui vous prévient quand vous avez assez mangé. C'est toute une éducation au goût à entreprendre. Comme le souligne Dominique Loreau, l'auteur d'un remarquable essai intitulé *L'Art de la frugalité et de la volupté*[1], dont nous vous conseillons vivement la lecture : « Si les mauvaises habitudes sont une seconde nature, les bonnes peuvent le devenir aussi. » Avoir le désir de cuisiner, de bien manger, de se faire du bien est lié à notre enfance ; dans certaines familles l'art culinaire, avec l'imaginaire qui lui est associé, est enseigné dès leurs premières années. D'autres n'ont jamais vu leurs parents cuisiner. Vous pouvez bien sûr apprendre maintenant, à condition d'en avoir la volonté.

1. Dominique Loreau, *L'Art de la frugalité et de la volupté*, Robert Laffont, 2009.

Ai-je vraiment faim ?

Cette question, vous allez vous la poser chaque fois que vous déciderez de manger quelque chose, que ce soit au repas ou dans la journée, car manger sans faim est la meilleure façon de ne pas savoir quand s'arrêter ! Observez votre faim : qu'est-ce qui différencie le moment où vous mangez par réel appétit ou pour une tout autre raison ? Si vous avez le ventre encore plein, a priori vous ne devriez plus avoir faim... Le caractère d'urgence doit également vous alerter : vous ne pouvez vous retenir, manger devient presque vital, alors qu'il n'y a aucune raison de vous précipiter sur la nourriture, rien ne l'exige dans votre emploi du temps. Il suffit souvent d'attendre un peu pour que la faim passe. Peut-être encore ne vous donnez-vous jamais l'occasion d'avoir vraiment faim ? Dans le fond, vous ignorez cet état, trop angoissée pour y faire face. Et si vous essayiez de la laisser venir ? de résister une fois, pour voir, à votre impulsion ? Ne vous dites pas que vous n'allez pas manger, juste que vous n'allez pas manger tout de suite, anticiper est déjà une façon de se nourrir. Vous constaterez ainsi que vous ne mourrez pas et qu'il est même mille fois plus agréable de manger avec faim que sans. Renouer avec un véritable appétit est la meilleure façon de reconnaître les fausses faims. Le corps a une formidable capacité de régulation quand il n'est pas trop perturbé par les injonctions contradictoires des nutritionnistes. Pourquoi ne pas organiser une journée de jeûne avec des copines, avec un après-midi au hammam, une visite au musée ? À plusieurs, on a moins peur du manque.

Vous avez faim...

Vous avez vraiment faim ? Mangez. C'est tout l'intérêt du travail que nous vous avons demandé de faire pour graduer son intensité. La frustration risquerait de provoquer à terme un dérèglement de vos sensations internes et de vous pousser à manger de façon déraisonnable. Ce mécanisme est facile à comprendre : imaginez que l'on vous dise qu'aujourd'hui le frigo est plein, vous pouvez dévaliser tout ce que vous aimez, mais attention, demain, ce sera terminé. Que feriez-vous ? Vous auriez tendance à faire des réserves, par peur d'être en manque. Mais on pourrait aussi vous dire : ce frigo est plein aujourd'hui, il le sera les jours suivants, vous pourrez piocher dedans, selon votre faim. Si vous n'avez pas vraiment faim, mais juste envie d'une gourmandise, sachez que ce sont les premières bouchées qui procurent le plus de plaisir. Savourez quelques carrés de chocolat, la tablette sera encore là demain...

De quoi ai-je vraiment envie ?

Prenez un peu de temps avant de choisir et essayez de ne pas agir par automatisme, que ce soit pour ouvrir le pot de yaourt à 0 % de matières grasses ou le paquet de biscuits au chocolat. Nous mangeons souvent la même chose, sans nous demander ce qui nous fait vraiment envie. Il est important de mettre un espace entre l'instant où vous décidez que vous avez faim, le choix conscient de ce que vous allez manger et, enfin, le moment où vous ouvrez la bouche. Plus il sera long, moins vous engloutirez n'importe quoi. C'est dans ce laps de temps précieux que vous élaborerez vos véritables envies et éviterez les passages à l'acte. Pensez à remplir vos placards et votre frigo d'aliments de qualité, que vous aimez, pas trop gras ni trop sucrés. Ainsi, les crèmes à la vanille et les compotes de fruits sont délicieuses et assez légères. Installez bien en vue une jolie corbeille de fruits colorés, ils vous tenteront plus facilement...

Mangez varié

Les régimes limitent forcément la palette des aliments à consommer. Or la privation crée la frustration, la frustration favorise le lâchage sans retenue, nous venons de le voir. Et puis, des années à manger des haricots verts et des poissons vapeur, quel ennui ! Nous vivons dans un pays qui a vu sa gastronomie classée au patrimoine mondial, ce qui ne nous empêche nullement d'être bien plus minces que les Américains. Tel est le french paradoxe ! Plus vous mangerez varié, plus vous mincirez. Si vous ne bannissez aucun aliment de votre assiette, vous éviterez la monotonie et éprouverez un sentiment de satiété plus rapidement. Goûtez à tout, raisonnablement, de toute façon l'excès lasse et rend fade tout plaisir... Si vous ne vous goinfrez pas de frites, quelques-unes ne vous feront jamais de mal. Et puisqu'elles ne sont pas interdites, aucune raison que vous vous jetiez dessus comme après une période de pénurie. Enfermez votre balance, cessez de compter les calories : ne plus avoir peur de grossir peut parfois suffire à nous faire mincir...

Mangez à votre faim, uniquement à votre faim

Si vous désirez mincir et rester mince, une seule loi prévaut : mangez quand vous avez faim – mais vraiment faim –, cessez quand vous n'avez plus le ventre creux. Mais pour cela, il vous faut retrouver la sensation de la satiété et prendre vraiment le temps de vous écouter.

Ne mangez pas quand vous n'avez pas faim, même si on vous serine qu'il faut prendre un petit déjeuner. Sinon, vous démarrerez la journée en ayant déjà brouillé vos sensations et vos besoins. Peut-être avez-vous trop mangé la veille ? Votre estomac n'a peut-être pas encore terminé son travail, laissez-lui le temps de finir sa digestion. Pour éviter la tentation de la barre chocolatée du distributeur à 10 heures ou les gâteaux secs de la collègue de bureau, emportez toujours une orange, une banane, un yaourt ou un en-cas bien préparé : des céréales avec des fruits, une compote maison... Vous les mangerez avec appétit et plaisir. La seule façon de pouvoir retrouver la sensation de satiété est de manger *vraiment* à votre faim. Vous êtes invitée et n'avez plus envie qu'on vous resserve ? Dites-le gentiment, vous ne vexerez personne. Vos hôtes insistent ? Tenez bon. Inutile de vous perdre dans mille explications, de dire que vous faites attention à ce vous mangez... Non, dites simplement en souriant : « Je n'ai plus faim. » Si vous avez beaucoup de poids à perdre, quelques bonnes habitudes alimentaires vont vous y aider. Ainsi, les portions aux restaurants sont souvent trop copieuses. Pourquoi ne pas partager l'entrée et le dessert ? La note sera moins lourde, votre estomac aussi... Demandez toujours la sauce de vos salades à part, vous ne mettrez que la quantité nécessaire de vinaigrette. À la maison, pensez à remplacer les sauces par des herbes aromatiques, saines et savoureuses. Le poisson cuisiné vapeur, parsemé de fleur de sel et de poivre concassé, avec un filet d'huile d'olive, est un délice...

Mâchez, mâchez, mâchez...

Tout aliment mangé en pleine conscience cale l'appétit deux fois plus vite qu'avalé tout rond. Alors, même lors de vos grignotages, pensez à mâcher ! Vous goûterez ainsi mieux chaque texture, vous allongerez le temps de votre repas et l'on sait qu'il faut au moins vingt minutes pour que le cerveau enregistre la satiété. Rien qu'en prenant cette habitude, vous allez commencer à mincir ! Et à entrer dans le cercle vertueux : vous vous sentirez plus légère et vous aurez envie de continuer, puisque vous n'aurez pas changé fondamentalement le contenu de votre assiette, seulement votre façon de le manger. Évitez de manger debout, même un sandwich : asseyez-vous, détendez-vous, dégustez...

Parlons saveurs, senteurs...

Manger est un plaisir. Si les carottes sont présentées comme un médicament, elles deviennent terriblement tristes, alors que cuisinées avec du cumin et quelques raisins secs, les voilà habillées à la marocaine ! Évoquons la nourriture comme si elle n'avait pas d'incidence sur notre poids. Dissertons sur les aliments en sortant de la logique comptable. Retrouvons un vocabulaire précis pour nommer les différentes saveurs et senteurs dégagées par les plats. Nous avons vu toute l'importance des mots quand nous parlons de nous, ils ont tout autant de poids quand il s'agit de nourriture. Le vocabulaire véhicule des émotions : un dîner délicieux n'évoque pas la même vision qu'une grosse tambouille. Travaillons le vocabulaire, plus il est riche, mieux il permet de ressentir les fumets. Il n'existe pas que du sucré et du salé, saisissez les nuances. Faites-en un jeu familial : à ton avis, est-ce croquant ou fondant, amer ou piquant ? Il est important de développer le goût, sans négliger les autres sens : l'odorat bien sûr, mais aussi le toucher, l'ouïe... Ah, le bruit des oignons qui grésillent dans la poêle, le contact des mains dans la farine ! Lisez des livres qui parlent joliment de la cuisine, ils vous donneront des clés pour élaborer ce que vous avez dans l'assiette. L'élégance des mots pour décrire une saveur est tout aussi importante que la saveur elle-même. La nourriture n'est pas notre ennemie, elle est une alliée quand nous nous nourrissons correctement. Mais si nous la détestons et l'avalons en la maudissant, la « bouffe » se venge !

Mangez bon !

Pour bien manger, rien de tel que de se rendre au marché pour y acheter des produits frais, souvent de meilleure qualité, donc au goût décuplé. Plus cher ? Pas forcément. Au supermarché, nous achetons de nombreux produits en promotion que nous finissons par jeter à la poubelle. Au marché, en revanche, nous n'achetons que ce que nous allons manger dans les jours qui viennent. Il y a un lien entre achat et plaisir de manger. Les produits de qualité nous donnent moins envie de les engloutir, un grand cru ne s'avale pas cul sec... Le budget nourriture se réduit, tandis que celui des fringues explose, pourquoi ne pas inverser la tendance ? Une fois mince, vous aurez le plaisir de vous offrir quelques beaux habits de qualité, sans encombrer votre penderie d'une foule de vêtements *made in China* sans forme et sans âme.

Mangez beau...

Pour inaugurer votre nouvelle façon de vous alimenter, nous vous proposons de changer votre vaisselle. Faites honneur aux aliments en les servant dans de beaux plats, de belles assiettes... Pourquoi ne pas manger dans des assiettes à dessert, mettre votre vin dans un joli verre à porto en cristal ? Vous vous servirez une moindre quantité, et vous aurez l'impression délicieuse de renouer avec la dînette de votre enfance. Sachez que la faim augmente à la vue de la nourriture... Rien de plus appétissant qu'une table bien mise, quelques fleurs dans un vase, des serviettes en tissu. Comment se goinfrer dans une telle ambiance ? Le manque de temps n'est pas un argument, sortir une belle assiette du placard ne prend que trois secondes. Si vous voulez mincir, un conseil : ne mangez jamais rien qui sort directement du frigo. En cas de fringale, installez vos biscuits dans une jolie coupelle, gageons que vous ne finirez pas le paquet. De plus, au lieu d'avoir l'impression d'avoir dérogé aux règles de la diététique, vous aurez le sentiment d'avoir passé un bon moment en votre compagnie, surtout si vous ajoutez une musique que vous aimez en fond sonore... « Ce n'est pas un hasard si manger et faire l'amour sont les deux activités préférées de l'être humain. Des études scientifiques ont démontré que ce sont les mêmes aires du cerveau qui sont activées par la nourriture, l'activité sexuelle et la musique[1]. »

À vos fourneaux !

Et si vous décidiez de ne plus considérer la cuisine comme une corvée, mais comme un art à part entière qui peut vous détendre ? Pour mincir, il n'y a pas d'autres solutions que de vous réconcilier avec vos casseroles. Vous ne savez rien faire ? Vous avez sûrement des amies qui se feront un plaisir de vous donner leurs meilleures recettes. Ouvrez un cahier, notez-les, donnez-leur le nom des personnes qui vous les trans-

1. Dominique Loreau, *op. cit.*

mettent : c'est la tarte provençale de Sylvie, le lapin aux olives de Luc... Autant d'émotions positives associées à leurs spécialités culinaires. Commencez par des choses simples, achetez-vous des livres de recettes faciles et rapides à réaliser pour trouver ou retrouver le goût de cuisiner. Rendez-vous sur les blogs, les sites de cuisine. Vous êtes une adepte des surgelés ? Choisissez les produits de base, sans sauce ni préparation : ils permettent de confectionner des plats savoureux en quelques minutes, sans passer par la case épluchage. Enfin, affichez sur votre frigo cette belle phrase de Marguerite Yourcenar dans *Mémoires d'Hadrien* : « Une opération qui a lieu deux ou trois fois par jour, et dont le but est d'alimenter la vie, mérite assurément tous nos soins. »

11

DISTRAYEZ VOTRE FAIM...

Voici un petit arsenal pour distraire vos fringales et vous remplir d'autre chose que de nourriture. Au programme ? Repérez vos heures critiques, nourrissez votre imaginaire...

Un arsenal anti-ennui

La plupart du temps, c'est l'ennui qui nous fait manger. Pas un ennui passager, non, mais un ennui durable. En attendant d'avoir modifié ce qui vous rend la vie pesante – voir le chapitre suivant, « Aimez votre vie » –, nous allons vous proposer d'établir une trousse de secours pour tromper votre ennui. Faites la liste des divertissements que vous pouvez faire sans grande organisation, ainsi que des activités sur le long terme. Repérez également les zones rouges : nous avons tous des heures critiques où nous avons plus faim qu'à d'autres. Le retour du travail, le milieu de matinée ? Ces grignotages sont là pour nous satisfaire émotionnellement, car a priori, à ces heures-là, notre organisme n'a pas besoin de manger. Organisez-vous pour mettre des activités plus fortes en intensité que les sucreries, ou au moins assez fortes pour supporter la frustration de ne pas manger immédiatement.

La sortie du bureau

Le bon réflexe pourrait consister à ne pas rentrer chez soi immédiatement, quand c'est possible, pour éviter la proximité avec le frigo... Une séance de cinéma est un bon moyen de se distraire, une virée shopping aussi, à condition d'éviter de finir au salon de thé. Privilégiez les actions où vous allez rencontrer du monde, même des inconnus ; allez visiter une exposition, rendez-vous dans un jardin public. Pourquoi ne pas vous inscrire à un club de sport ou vous rendre à la piscine, ou encore faire un petit jogging ? Vous avez des enfants à aller chercher ? Au lieu de goûter avec eux, prenez un moment pour vous, histoire de recharger les batteries, sans forcément passer par la case nourriture. Prendre une douche permet d'avoir moins faim, voilà un excellent moyen de laver les ennuis avant d'aborder la deuxième partie de la journée, plus détendue. Pourquoi encore ne pas organiser une cérémonie du thé dans les règles de l'art ? Sortez une belle théière, choisissez un bon thé. Quand on en a bu quelques tasses – déthéiné après 17 heures –, la faim est moins pressante.

Pensez aussi à prendre vos rendez-vous chez le coiffeur, chez la manucure en fin de journée durant la semaine, vous libérerez du temps pour profiter pleinement de votre week-end. Pourquoi pas faire l'amour ? Rétablissons le 5 à 7, le 7 à 9 à Paris, avec notre compagnon, pas forcément avec notre amant. Faire l'amour fait maigrir, non par la perte de calories, mais par le bien-être que cela procure. Même si vous mangez après, cela ne se traduit pas en kilos : bien dans notre peau, nous ne stockons jamais.

Le milieu de la matinée

Autre zone rouge, le milieu de matinée au bureau. Si vous ne mangez pas le matin parce que vous n'avez pas faim, ce n'est pas un problème, nous avons évoqué plus haut la possibilité d'emporter un en-cas pour éviter le distributeur. Mais si c'est par manque de temps, c'est vraiment dommage. Ce que l'on mange le matin est plus vite digéré et l'adage de nos grands-mères « Petit déjeuner du roi, déjeuner du prince, dîner du pauvre » se révèle exact en terme de diététique. De plus, le petit déjeuner est aussi un moment où nous nous remplissons non seulement de nourriture, mais aussi d'échanges avec ceux que nous aimons, de bien-être. Rechargés, nous partons d'un bon pied, plus solides pour affronter la journée. Prenez le temps de vous offrir un bon petit déjeuner avec des bons ingrédients – pain grillé, orange pressée, bonne confiture –, quitte à vous lever plus tôt. Changez vos habitudes si vous passiez du lit au métro, et du métro au travail.
Manger est bien sûr un prétexte pour s'arrêter un peu de travailler en milieu de matinée. Mais une pause-café ou thé suffit, à condition qu'ils soient de qualité. Pourquoi ne pas vous organiser avec vos collègues de travail pour que chacun apporte à tour de rôle un bon thé et abandonner définitivement ces vieux sachets industriels qui ressemblent à du foin ? Vous pouvez aussi vous cotiser pour vous offrir une machine à café, une théière élégante, de jolies tasses pour laisser tomber les gobelets en plastique qui non seulement polluent la planète mais sont très laids. Voilà une piste pour ne pas vous approcher du distributeur...
Pourquoi encore ne pas envisager un massage de dix minutes ? Allez voir le comité d'entreprise pour qu'il

l'organise, cela se fait de plus en plus dans les grandes entreprises. Vous travaillez dans une petite boîte ? Massez-vous entre vous, apprenez les massages du haut du corps, les massages de la tête. Vous reprendrez votre travail détendue et pleine d'entrain.

Des week-ends de rêve

La vacuité est souvent néfaste et le week-end est pour certaines une zone rouge en terme de prise de kilos. Démarrez votre temps de loisir dès le samedi matin, et surtout pas par les lessives ! Commencez par le meilleur, en gardant les corvées pour la fin du week-end qui est cafardeuse, de toute façon... L'énergie positive dégagée par un bon week-end vous rendra plus efficace pour vous y attaquer le dimanche soir. Faites la liste des corvées et essayez de les diviser par trois, la vie ne sera pas plus triste pour autant. Laissez vos enfants faire seuls leurs devoirs. Sinon, vous allez vous disputer avec eux, et comme vous vous sentirez coupable, vous mangerez ! Ensuite, essayez de faire de chaque fin de semaine un week-end de rêve. Mais, pour cela, il faut le programmer afin de ne pas vous laisser dépasser. Il ne s'agit pas forcément d'activités hors de prix : un pique-nique au jardin public, des balades en patins à roulettes ne coûtent pas grand-chose. Surprenez votre petite famille en organisant le plus souvent possible une activité qui sort des sentiers battus, cette préparation va vous occuper toute la semaine : la visite d'un lieu atypique, faire du canotage à une heure de chez nous... Prenez le vélo, sortez de la ville, cherchez dans un guide un petit restaurant sympathique au bord de l'eau... Le lundi, vous serez toute contente de le raconter, contente de vous. N'est-ce pas préférable à une kyrielle d'activités rituelles qui finissent par ne plus apporter de joie ni de surprise ? Revisitez-les : quelles sont celles qui vous font vraiment plaisir ? Parfois, nous finissons par être dans le devoir, même le week-end. Arrêtons de faire des choses qui nous ennuient et nous mincirons...

Développez votre imaginaire

Nous supportons de moins en moins l'attente, laquelle nécessite une sécurité, une tranquillité intérieures. Jusqu'à une époque pas si lointaine, lorsque nous attendions dans un café pour un rendez-vous, ou pour prendre un avion ou un train, nous étions seuls avec nous-même, nous pouvions nous projeter dans les moments à venir. Ces temps n'étaient pas vécus comme ennuyeux, mais comme une invitation à rêver. Désormais, cet espace précieux de vacance est occupé par la musique, les coups de fil, la consultation de nos mails. Même la télévision est disponible en continu sur le téléphone ! La salle d'attente est un bon test : êtes-vous capable de rester sans lire, sans vous ennuyer ? Ou êtes-vous obligé de vous occuper sans cesse pour éviter de penser ? Pour pouvoir rester seul en sa compagnie, l'imaginaire est un support formidable, qui permet de combler le vide intérieur, évite de le remplir d'activités ou de nourriture. Vous êtes dans un café, ou dans une salle d'attente, regardez autour de vous et choisissez une personne. Imaginez la vie qu'elle a, ce qu'elle fera en sortant du lieu où vous vous trouvez. Quel est son métier, est-elle mariée ou pas ? Elle est mince – ou grosse –, pourquoi ? Ce jeu est très réjouissant et, quand on y prend goût, on ne peut plus s'en passer. Faites-le avec vos enfants, en général ils sont ravis et se révèlent très créatifs ! Vous êtes seule chez vous ou dans votre bain ? Imaginez une autre fin

au film ou au livre que vous venez de voir ou de lire. Jouez à « qu'arriverait-il si... » – je quittais mon travail, je partais en Inde, je me teignais en rousse, je faisais du chant lyrique... Ouvrez le plus de portes possible, sans censure aucune. Si l'écriture vous tente, lancez-vous ! Tenez votre journal, revisitez la vie des gens que vous avez connus, aimés : que deviennent-ils ? Que leur diriez-vous si vous veniez à les croiser aujourd'hui ? Partez des lapsus pour imaginer vos histoires, vous savez, ces petits dérapages de langage qui sont une mine pour débusquer notre inconscient... Écoutons l'écrivain Gianni Rodari raconter comment il s'y prend : « S'il m'arrive d'écrire "couvent des caramélites" au lieu de "couvent des carmélites" je fonde un nouvel ordre religieux susceptible d'éveiller bien des vocations chez les enfants gourmands. De la même façon, si j'écris "Vanille" pour "Manille", ou "Mielorussie" pour "Biélorussie", voici découvert un pays doux et parfumé : ce serait dommage de le bannir d'un simple coup de gomme[1] ! »
Feuilletez des revues, découpez des photos qui vous plaisent et imaginez une histoire à partir de ces scènes : elles ont attiré votre attention, pourquoi ? Faire ce jeu avec une jolie revue de décoration ou de voyage est très inspirant ! Bref, remplissez-vous de mots, les écrivains ont rarement faim quand ils sont à leur table de travail. Avec votre imaginaire, gageons que vous vous sentirez beaucoup moins seule et habitée par une richesse qui donne de la force.
La musique est également très nourrissante : choisissez un morceau que vous aimez, selon votre humeur : du piano pour vous apaiser ? De la salsa pour vous dynamiser ? Et quoi qu'il en soit, faites tout pour éviter

1. Gianni Rodari, *Grammaire de l'imagination*, Éditions Rue du monde, 2010.

la télévision qui est un vrai pousse-au-crime, avec ses publicités qui vantent neuf fois sur dix les bienfaits d'une sucrerie. Sans compter qu'elle ne favorise guère le travail de l'imagination ni la créativité...

12

AIMEZ VOTRE VIE

Les kilos affectifs sont souvent des kilos d'amertume, de frustration, qui ne se perdront que par des modifications profondes dans votre vie. Pas en envoyant tout promener sans réfléchir, mais en optant pour des changements progressifs.

Réussir sa vie ?

Au fait, que signifie « réussir sa vie » ? Penchons-nous un moment sur cette injonction, qui peut être un brin agaçante. Comme si nous devions toujours tout réussir. Comme si la vie était un objectif de carrière. On se trompe souvent sur la signification personnelle que chacun donne à cette formule. Pour certaines, réussir sa vie professionnelle, c'est gagner beaucoup d'argent, pour d'autres, travailler dans le domaine qui les passionne ou réussir leur régime... L'impression de réussir sa vie est une idée très subjective, il n'existe pas d'étalon, mais des questions personnelles à se poser sincèrement. Au fond de soi, même si nous ne savons pas exactement ce que cela signifie, nous sommes capables de repérer intimement ce qui pourrait nous épanouir. Et surtout, nous avons tous la liberté précieuse du choix, à condition d'oser écouter notre petite voix intérieure.

Commençons par réussir une journée...

Réussir sa vie est un océan trop impressionnant. Si nous commencions par réussir une journée ? Cherchons nos rivières intérieures, en suivant d'abord le ruisseau, pour trouver petit à petit notre fleuve. Commençons par profiter à fond de l'instant, sans être sans cesse dans la projection inatteignable du bonheur, notion bien trop vaste et trop floue. Ramenons nos objectifs au moment présent. Certaines personnes se projettent toujours dans un futur pavé de contraintes, même quand il s'agit de préparer un bon repas ou de voir leurs amis ! Elles refusent de se laisser aller à la jouissance de « l'ici et maintenant ». Entrons dans le plus beau jour du reste de notre vie !

Quand nous serons capables de nous accomplir dans la journée, nous pourrons envisager la suite. Qu'est-ce qu'une journée accomplie ? Regardons nos enfants, ils nous donnent la réponse : ils ne sont pas les mêmes à la fin de la journée, ils sont en croissance, ravis de grandir. Cette journée répond en fait à la règle des trois tiers : un tiers pour s'amuser, un tiers de contraintes pour satisfaire aux exigences de leurs parents, un tiers pour apprendre en répondant à la demande de leurs enseignants. S'ils sont trop dans le plaisir, ils se sentent coupables, mais s'ils ne répondent qu'aux contraintes, ils sont frustrés.

Ajoutons encore qu'il faut qu'ils aient bien dormi et bien mangé. Et pour l'adulte ? C'est le même schéma, à quelques variantes près. Une journée réussie est une journée où nous avons pris soin de nous, travaillé, progressé, ri avec nos amis, fait une activité plaisante. D'où l'importance d'identifier pour soi ces trois temps : temps de plaisir, d'obligation, d'apprentissage.

Des solutions pour alléger la vie

Mais bien souvent les « grands » que nous sommes ont l'impression de n'avoir rien appris, de ne pas avoir progressé, de ne pas avoir eu assez de plaisir, de n'avoir fait que répondre aux exigences extérieures : travail, ménage, transports... Le discours ambiant nous suggère qu'une fois devenu adulte, les obligations sont écrasantes, ce n'est qu'en partie vrai. Certains prennent leur temps de sommeil non comme un temps de plaisir, mais comme une zone de récupération pour le travail : effectivement, vu sous cet angle, dormir devient très ennuyeux... Certes, beaucoup de personnes ont une vie difficile, un métier qu'elles n'aiment guère, élèvent seules leurs enfants, supportent des heures de transport. Pas facile dans ce contexte d'avoir le sentiment de réussir sa vie. C'est votre cas ? Peut-être pouvez-vous commencer par l'aménager pour la rendre plus douce, en travaillant sur des détails. Essayez de prendre de la distance avec la réalité, l'extrême étant le film *La vie est belle*, où un père transforme en aire de jeux un camp de concentration. Sans aller jusque-là, ne vous laissez pas engloutir par le désespoir et sachez qu'envisager des changements est déjà une façon de se mettre du baume au cœur. Ainsi, vos temps de transport : pourquoi ne pas lire une revue intéressante, qui vous donnera le sentiment de progresser ? Ou bien écouter une émission de radio instructive en podcast, ou tout simplement de la musique, pour transformer ces moments pesants en moments d'apprentissage ou de plaisir ? Les occasions d'apprendre sont bien plus nombreuses que nous le pensons. Même si nous n'avons pas un travail passionnant, il faut repérer les points qui peuvent donner du sens et du poids à une activité qui nous paraît banale. Pourquoi ne pas emprunter une

méthode de langue à la bibliothèque pour progresser dans votre travail et éventuellement changer de poste ou pouvoir vous débrouiller en voyage ? Libérez du temps pour réfléchir avant de passer à l'action. Par quel domaine voulez-vous commencer ? Le travail, l'amour, l'amitié, les loisirs ?
Une option plus radicale peut être d'envisager de changer de région, pour vous rapprocher par exemple de votre famille, qui pourrait garder vos enfants de temps en temps. Si vous vivez à Paris, déménager en province, dans une ville où la vie est moins chère, la rendrait plus agréable. Vous bénéficierez de loisirs plus accessibles, la montagne, la campagne ou la mer seraient à portée de car ou de train. Il n'y a pas de travail, pensez-vous, mais avez-vous cherché ? Bien sûr, nous sommes conscients que vous n'allez pas changer votre vie en un clin d'œil. Il ne s'agit pas de nier les difficultés, mais de regarder le petit coin de ciel bleu pour débusquer les éléments sur lesquels vous pouvez agir, avec les moyens à votre disposition. Pris dans le flot des contraintes quotidiennes, nous finissons souvent par ne plus voir de solutions. Il est temps de rêver sa vie...

Ne rêvez pas à la vie des autres

La télévision nous propose des destins « prêts-à-porter », souvent inaccessibles pour la plupart d'entre nous, comme s'il était glorieux d'avoir des rêves hors du commun. Aussi n'arrivons-nous plus à débusquer les nôtres. L'ennui de ces rêves extravagants ? Ils nous rendent inactifs... Assumons la sobriété de nos rêves réalisables. Abandonnons le proverbe « Tant qu'à rêver, rêvons grand ! », formule qui nous plombe tout en nous excusant : de toute façon, ce n'est pas possible, alors... Et dans cette règle du tout ou rien, c'est toujours rien. Cessons encore de nous regarder avec les lunettes d'autrui, notamment celles de nos parents. Ce n'est plus à eux de décider ce qu'est une vie réussie. Oui, ils ont projeté sur nous leurs rêves, dans un premier temps nous avons acquiescé, avant d'avoir nos objectifs propres. C'est à nous maintenant de définir nos désirs, sans chercher à leur faire plaisir, ni à eux ni aux autres...

Osez prendre des risques...

En ces temps de crise, les politiques veulent nous faire croire que ce que nous avons est précieux, que notre situation pourrait être bien pire. Aussi, plus personne n'ose lâcher la proie pour l'ombre, et au lieu d'être plein de promesses, l'inconnu n'est vécu que comme potentiellement dangereux. Nous vous proposons d'oser sauter dans le vide à l'échelle d'une journée, pour oser plus tard prendre des risques au long cours. Changer sa vie ne passe pas inévitablement par de la souffrance, des efforts terribles, mais commence par une somme de défis minuscules. Des exemples ?
Osez démarrer une activité que vous n'avez jamais faite : en testant un nouveau domaine, nous affinons la connaissance que nous avons de nous-mêmes, de nos capacités.
Osez passer un coup de fil à cette personne que vous avez croisée, ou à cet ancien ami, que vous avez peur de déranger.
Osez acheter un vêtement qui n'est pas du tout de votre style.
Osez lire un livre, alors que vous ne vous croyez pas assez cultivé.
Osez cuisiner un plat, alors que vous vous pensez nul en cuisine...

Ce n'est pas parce que vous chantez faux que vous ne devez pas chanter. Et même si vous ne savez pas dessiner, vous avez le droit de prendre un pinceau. L'école désormais brime beaucoup de talents naissants. Mai 68 a-t-il existé ? On est tenté de se le demander... Si vous voulez progresser, ne cherchez pas la perfection. Grâce à une réelle motivation, vos compétences ne feront que croître. Vous doutez de vos compétences ? Votre intérêt se fortifiera en devenant de plus en plus performant, les bénéfices obtenus ne se soupçonnent pas avant qu'on ait essayé. Laissez tomber la notion de don : les fées qui se penchent sur le berceau pour distribuer les talents n'existent que dans les contes. Seuls l'apprentissage et la persévérance donnent des résultats.

Tout est possible...

L'argument de l'argent est souvent un faux-fuyant car il existe de nombreux cours collectifs, à tous les prix, certains sont même gratuits dans les mairies. Organisez-vous avec une amie, gardez les enfants à tour de rôle pour suivre des cours du soir ou vous mettre au piano, le rêve de votre vie. Apprenez en lisant, en regardant les autres, en demandant des conseils à ceux qui savent. En cette époque très individualiste, les gens sont souvent ravis de partager leur savoir, de se rendre utiles. Ils se sentent valorisés, et vous, ils vous permettent de progresser. Pensez également aux réseaux d'échanges de savoir... Il s'agit d'associations qui proposent à chacun d'échanger ses compétences. Vous savez jardiner et vous voulez apprendre l'anglais ? Trouvez une personne qui parle cette langue et ignore tout de l'art du sécateur, vous vous donnerez mutuellement et gratuitement des cours. En bref, osez demander, osez montrer vos talents !

Revisitez vos a priori sur vous et sur les autres

Revisitez ce que les autres disent sur vous, ce que vous pensez de vous : est-ce si vrai ? Amusez-vous à vous présenter autrement, à parler de vous différemment, surtout dans les domaines où vous avez tendance à vous dévaloriser. Jouer à être différent aide à se regarder autrement, et à être regardé autrement. Faites ce travail d'anamorphose et observez le résultat. Évidemment, ce petit jeu nécessite un minimum d'empathie vis-à-vis de soi.

Revisitez aussi vos a priori sur les autres, nourris en général par ceux que nous avons sur nous. Essayez d'aller vers des personnes qui ne vous attirent guère : derrière le rejet se cache souvent l'amour, sinon, elles nous seraient indifférentes. Vous allez peut-être découvrir qu'elles ont des qualités. Arriver à dépasser ses préjugés est une leçon de vie formidable, même si nous sommes conscients que cela demande un réel effort... encore plus important que se regarder soi-même autrement ! Laissez-vous étonner, allez de surprise en surprise, rien de tel pour égayer la vie. Vos fausses croyances sont nourries par vos expériences personnelles, par vos rencontres passées, décevantes, mais aussi par le discours de vos parents, des médias. Les associations libres vont bon train : de droite ? Égoïste, donc. Catholique ? Forcément coincé. L'esprit humain a tendance à généraliser à partir d'une seule expérience. Faites ce même travail de découverte et d'ouverture avec des aliments. Essayez d'y goûter, rien ne dit que vous allez aimer, mais peut-être vous rendrez-vous compte que ce n'est pas si mauvais, et cette expérience ramollira votre croyance. Nous avons souvent l'habitude de nous précipiter sur les mêmes aliments, d'autant qu'il n'existe pas de palette variée dans la compulsion alimentaire. Essayez d'aller vers les aliments que vous ne choisissez pas d'habitude. Pourquoi pas le chocolat blanc ? Vous voyez, nous vous parlions de petits risques...

Cernez vos envies, c'est la vie !

De quoi avez-vous envie, pour demain, pour l'an prochain, pour dans dix ans ? Voyons les étapes pour parvenir à vous réaliser. Les envies nous poussent en avant, nous font nous sentir... en vie ! Vivre ses envies libère des émotions positives, pendant ce temps, vous ne pensez pas à manger. Vous avez envie de parler italien ? Faites taire les grognons qui vous assènent que c'est trop tard, que vous feriez mieux d'ailleurs d'apprendre l'anglais. Oui, mais justement, l'anglais vous ennuie ! On vous assure que vous ne parlerez jamais couramment ? Cela tombe bien, vous voulez juste vous débrouiller quand vous voyagez. Contrairement aux États-Unis, en France, tout projet qui vous sort de vos rails est vu avec suspicion et une pointe de jalousie. Partez à la recherche de vos envies passées : si vous avez la mémoire qui flanche, questionnez vos parents, vos amis d'enfance. Avez-vous gardé votre journal d'adolescente ? Il peut être une mine précieuse de renseignements... Mais n'hésitez pas à explorer de nouvelles pistes, que vous n'avez jamais osé formuler. Vous savez, celles qui nous traversent l'esprit et que nous balayons aussitôt d'un revers raisonnable de la main. Comme nos rêves, nos envies sont fugaces, pourquoi ne pas ouvrir un carnet à envies ? Une fois fixées sur le papier, pas facile de les ignorer...

Faites confiance à la vie !

L'éducation joue beaucoup dans cette confiance que l'on accorde ou pas à la vie. Si depuis votre plus tendre enfance, on vous a appris à vous méfier des autres, du monde, ce sera plus difficile, plus long. Peut-être faut-il vous retourner vers votre passé pour vous rendre compte que la vie vous a souvent souri, sans qu'il ait été nécessaire de livrer un combat acharné. De belles choses, de belles rencontres ont surgi, alors que vous ne vous y attendiez pas. Laissez-vous un peu porter par le courant, car si le pire n'est jamais certain, la surprise, elle, l'est toujours ! Lâchez prise, ouvrez les yeux et les oreilles, c'est ainsi que l'on découvre de nouvelles envies, de nouveaux amis. Retrouvez votre âme d'enfant. Pour lui, tout est nouveau, tout est découverte. Avant d'avoir une vision d'ensemble, il voit les détails, la petite fourmi, la miette... Retrouvez ce regard d'entomologiste. Goûtez à la vie, elle ne va pas vous empoisonner. Certes, les dangers existent, mais l'immobilisme ne nous permettra pas plus de les éviter que le mouvement. Nous pensons parfois nous protéger en restant sur place, alors que c'est peut-être là qu'il y aura un tremblement de terre. Arrêtons de croire que nous pouvons tout diriger, tout contrôler : c'est la meilleure façon de nous enterrer vivants... et de manger pour nous en consoler !
Notre société est une société sécuritaire. Il faut se protéger de tout, avoir peur de tout ! Mais cette protection est handicapante, elle devient une armure tellement lourde qu'on ne peut plus avancer. Toute nourriture serait toxique : soit elle fait grossir, soit elle nous empoisonne. Nous oublions qu'à une époque pas si lointaine où il n'y avait aucun procédé de stérilisation, les intoxications étaient autrement plus nombreuses et

bien souvent mortelles... Ne vivons-nous pas désormais bien plus longtemps que nous n'avons jamais vécu ? Les obligations alimentaires dérèglent nos appétits et la prescription de cinq fruits et cinq légumes par jour donnent envie de manger cinq bonbons d'affilée. Faisons confiance à nos capacités de résistance, de protection, de réparation, d'adaptation. Repensons à tous les dangers que nous avons connus, à la façon dont nous les avons dépassés. Notre potentiel de cicatrisation physique et psychique est immense. Bref, faisons confiance à la vie, la vie nous fera confiance...

13

DIMINUEZ VOTRE STRESS

Le stress est un grand facteur de prise de poids. Il existe différents moyens de le prévenir en gérant mieux son temps, en le neutralisant par le biais d'un bon sommeil, de la relaxation, de la méditation. Sans oublier de faire l'amour, le plus puissant antistress qui soit !

Chouchoutez votre sommeil

Une des premières causes de stress, et donc de prise de poids, est le manque de sommeil. Rien de plus vrai que le proverbe « Qui dort dîne » ! Quand nous dormons bien, nous sommes plus sereins, moins enclins à l'anxiété, et nous limitons naturellement la prise de nourriture. Nous sommes plus solides émotionnellement, moins fatigués, une des raisons pour lesquelles nous pouvons maigrir en vacances, même en mangeant bien, car nous dormons plus que durant l'année. Il faut entrer en résistance avec l'entourage qui nous pousse à diminuer notre temps de sommeil, à commencer par la société actuelle qui rêve de garder, comme aux États-Unis, les magasins ouverts vingt-quatre heures sur vingt-quatre pour pouvoir consommer, consommer encore... Le sommeil est aujourd'hui considéré comme du temps perdu, alors que c'est durant la nuit que notre cerveau met de l'ordre dans les pensées, trie les émotions. C'est également lorsque nous dormons que notre corps fabrique diverses sécrétions qui réparent les dommages créés par la fatigue, le stress, les soucis. Ajoutons que lorsque nous manquons de sommeil, nous sécrétons de la ghréline, une hormone qui augmente l'appétit. Autant dire qu'il est très mauvais d'écourter cette réinitialisation de notre psychisme si nous voulons perdre nos kilos, car notre organisme réclame des calories pour tenir le coup si nous manquons de sommeil. À l'inverse, lorsque nous dormons suffisamment, nous avons moins besoin de manger et donc nous avons moins faim, même si ce n'est pas une raison bien sûr pour passer nos journées au lit ! Luttons encore contre notre vision héritée de l'adolescence, qui nous souffle que l'impression de liberté viendrait d'une nuit blanche. Rester éveillé jusqu'à 2 heures du matin permet à certains d'entre nous de se sentir jeunes, dynamiques, tandis que se coucher tôt est associé au vieillard en pantoufles, qui vit au ralenti, voire à l'article de la mort... Quand vous en avez la possibilité, pourquoi ne pas renouer avec le plaisir de la sieste ? Contrairement à une idée reçue, elle ne fait pas grossir. Accordez-vous un cycle de sommeil d'une heure et demie, pas au-delà, au risque de perturber votre nuit.

Dormez dans de beaux draps

Pour bien dormir, investissons notre chambre à coucher, soignons la décoration, choisissons une bonne literie, une couette et un oreiller de qualité. Offrez-vous de jolis draps, doux, soyeux, que vous laverez très régulièrement, tant il est délicieux de se glisser dans du linge propre. Bannissez de la chambre la télévision, l'ordinateur, le téléphone portable, même si vous ne les utilisez pas, ou peu : les lumières clignotantes près du lit empêchent d'oublier le travail, perturbent le sommeil. Si votre chambre est trop bruyante, peut-être faudrait-il envisager de faire poser un double vitrage à vos fenêtres, le calme assure un sommeil de qualité.

Renouez avec les rituels du coucher

Avant de dormir, accordez-vous un temps de détente et de plaisir, qui ne soit pas forcément un temps de télévision, à moins qu'il ne s'agisse d'une émission ou d'un film sélectionnés avec plaisir. Profitez de ce temps pour vous passer de la crème, pour boire une tisane à la fleur d'oranger, écouter une musique douce, lire quelques pages d'un bon livre, passer un coup de fil à une personne chère... Vous préparez ainsi votre psychisme à ralentir, à faire une pause sur les soucis de la journée. Évitez en revanche le bain chaud qui réveille, après un premier effet relaxant. Bannissez encore l'alcool qui endort lui aussi rapidement, mais provoque des réveils en milieu de nuit. Enfin, si vous avez la chance d'avoir un compagnon à vos côtés, faites l'amour, on ne connaît pas de meilleur somnifère, garanti sans aucun effet secondaire néfaste !

Le temps : une denrée rare, à imposer absolument !

Moins nous prenons notre temps, plus nous grossissons. Des études montrent que la durée du repas est inversement proportionnelle aux kilos pris. Nous venons de le voir longuement, en avalant vite, nous mangeons n'importe quoi, sans mâcher, ce qui va de pair avec la diminution du plaisir, la faim revient au galop.

Beaucoup soupirent : « Je ne vois pas le temps passer ! » Pourquoi un tel remplissage ? Pour ne pas le voir s'écouler justement ? Il faudrait peut-être réfléchir à cette angoisse, qui renvoie à la peur de mourir. Commencez par prendre le temps d'analyser les activités qui vous en font perdre, ne serait-ce que les heures passées à ne pas grossir : le sport à l'excès, la lecture d'articles, les rendez-vous chez les diététiciens, les discussions autour des régimes, c'est quasiment un mi-temps ! Autant de précieuses minutes que vous ne vous accordez pas pour penser réellement à vous... Ouvrez un carnet pour y inscrire votre emploi du temps actuel sur deux semaines, en notant tout : votre temps de sommeil, de travail, le temps consacré aux enfants, à votre compagnon, à vos loisirs, en prenant soin de distinguer loisir choisi et loisir obligatoire. Vous allez peut-être vous rendre compte que le premier est bien maigre. Ainsi, la télévision n'est pas vraiment un temps de loisir choisi, plutôt une soupape de décompression, vous vous affalez devant, épuisée, télécommande en main, zappant de chaîne en chaîne, comme si vous erriez sans but dans la rue. Pour perdre vos kilos, gardez-vous de faire de votre vie une longue suite de corvées qui s'enchaînent. Pour rencontrer quelqu'un, c'est le même conseil : comment insérer un homme dans un agenda surbooké ? Grappillez des moments de plaisir. Facile à dire ? En prenant le temps d'y réfléchir, il y a sûrement des moments du quotidien qu'il vous faut apprendre à savourer à nouveau, ne serait-ce qu'avec vos enfants. Repérez les instants que vous aimez bien passer avec eux : l'histoire du soir, la discussion informelle au moment du bain. Ces bons moments les rendront plus sereins et vous échapperez ainsi au temps gaspillé à râler contre eux. Partez avec l'idée d'en faire une priorité. Une fois les pertes de temps repérées, vous allez devoir faire des coupes, excepté sur le sommeil et les repas, totalement incompressibles ! Ayez un agenda sur lequel vous vous imposez ces précieux temps de bien-être, indispensables pour vous sentir heureuse, et donc perdre du poids.

Ralentissez

L'éducation actuelle favorise l'impulsivité, alors qu'autrefois, la retenue était valorisée. L'écriture à la plume nécessitait d'être patient, de s'appliquer. Aujourd'hui, les enfants méticuleux sont les derniers de la classe, et envoyés chez le psychomotricien parce que déclarés trop lents. L'école valorise ceux qui vont vite. Auparavant encore, les étudiants en médecine devaient rédiger à leur examen, aujourd'hui, ils cochent des cases, le plus rapidement possible, mode de contrôle qui favorise les réponses impulsives. L'immédiateté des nouvelles technologies pousse également dans le sens de l'accélération. Tout ce qui prend du temps dérange, tant la logique de productivité domine, entraînant un manque d'élaboration. Nous mangeons souvent comme nous vivons. Commencez par changer votre relation au temps, le rythme de vos journées, qui détermine votre rapport à l'alimentation. Essayez de ralentir pour chaque activité : prenez votre douche longuement, préparez le repas lentement, jardinez sans vous presser... C'est la meilleure manière de commencer à jouir de la vie. Vous allez être sans cesse en retard ? Non, non, car vous aurez au préalable supprimer des corvées : moins de perfectionnisme dans le ménage, plus de courses sur Internet, d'aide de la part des enfants et de votre conjoint, et tant pis si le parquet ne brille pas de mille feux. Un sourire éclatant n'est-il pas plus important ?

Adoptez la visualisation positive

Vous avez du mal à prendre du recul dans votre vie ? Faites-vous couler un bain, coupez votre portable, baissez l'intensité de la lumière. Puis laissez vagabonder vos pensées. Imaginez-vous au bord de la mer ou dans un endroit qui vous apaise, devant le feu de cheminée de votre maison de campagne. Vous y êtes ? Faites défiler comme au cinéma toutes les scènes de la journée. Dans un premier temps, contemplez-vous sans commentaires. Puis revenez en arrière, refaites défiler la bobine et observez, comme s'il ne s'agissait pas de vous. Commentez vos attitudes, imaginez comment vous auriez pu réagir différemment pour répondre à vos véritables besoins. Une fois de plus, vous vous êtes fait piéger et êtes sortie à 21 heures du bureau ? Prenez des résolutions, là, au calme, pour que cela ne se reproduise plus sans votre accord pleinement conscient.
Vous voulez être plus sûre de vous ? Vous voulez manger plus sainement ? Vous aimeriez être plus indépendante en amour ? Visualisez-vous en cette personne ouverte, qui sait réguler son appétit en fonction de ses besoins, qui ne s'effondre pas quand elle ne reçoit pas de coups de fil trois fois par jour. Ne laissez pas votre vie vous échapper, elle est trop précieuse...

III

Aimer

Cette troisième partie aborde spécifiquement votre vie sentimentale et gageons que le mot « amour » dans le titre de cet ouvrage vous a attiré autant que les kilos... Mais pour aimer avec succès et longtemps, il faut d'abord commencer par tirer les enseignements de vos histoires passées, de votre comportement en amour, réfléchir à votre actuelle vie de couple et à ses inévitables aléas. Ce n'est qu'après cette étape de reconstruction que vous pourrez aimer sereinement, légèrement, avec gourmandise...

14

COMMENT AIMEZ-VOUS ?

Votre poids trahit souvent des souffrances en amour, douleur passée unique mais massive ou souffrances répétées. Il peut s'agir d'une façon d'aimer maladroite ou inadéquate. Nous allons faire le tour des obstacles et vous proposer d'apprivoiser d'abord votre solitude avant de rencontrer l'amour.

Les kilos, un rempart commode...

Vous pensez que vous avez des difficultés dans ce domaine à cause de votre poids ? Détrompez-vous. Il ne suffit pas d'être mince pour être heureuse en amour, même si le fait de se sentir bien dans sa peau est important pour séduire. Si vous avez suivi les conseils de la deuxième partie de ce livre, vous avez sûrement dû vous délester de quelques kilos en trop. Et ce ne sont pas ceux qui restent peut-être encore qui vont vous empêcher de trouver un homme à votre goût. Certaines femmes renoncent à chercher l'amour tant qu'elles n'auront pas dix kilos de moins, mais peut-être grossissez-vous parce que vous n'avez pas rencontré l'amour ? Accuser son poids permet de faire l'impasse sur les autres questionnements, peut-être plus douloureux, nous l'avons déjà évoqué. Allons, vous le savez bien, les femmes fortes ne sont pas plus célibataires que les minces... Si vous mettez toutes vos difficultés amoureuses sur le compte de votre surpoids, vous vous empêchez d'aller débusquer les véritables raisons de votre solitude. D'ailleurs, cet alibi fait que vous partez perdante, avant même d'avoir essayé de séduire qui que ce soit. Sans compter que vous interprétez tout à travers ce filtre, justifiant votre retrait de la scène amoureuse. Ainsi, si vous êtes timide, vous ne vous attaquez pas à ce trait de votre caractère, mettant votre isolement sur le compte de votre surpoids. Sans doute encore êtes-vous devenue hypersensible, au point que la moindre remarque semble s'adresser à vous, même si l'on parle de la disparition des éléphants en Afrique ! Quant à l'homme qui regarde une mince, il est forcément en train de la comparer à vous... Paradoxalement, vous faites tant d'efforts pour vous dissimuler que vous attirez ce que vous redoutez le plus : on ne voit que ces rondeurs auxquelles vous attribuez une importance démesurée. Persuadée qu'un homme ne posera jamais un regard sur vous, vous induisez ce que vous craignez en l'anticipant, en le provoquant. Pensez-vous sérieusement qu'il suffit de mincir pour être aimée ? Mais que se passe-t-il quand à force de régimes surhumains vous y parvenez ? Vous vous rendez bien compte que ce n'est pas la seule raison... Vous risquez alors de vouloir continuer à mincir, de vous priver de tous plaisirs, de devenir désagréable à cause de toutes ces frustrations, et là, assurément, vous n'attirerez plus personne. D'ailleurs, aimeriez-vous n'être aimée que pour votre apparence ? Dans ce cas, il y a de fortes chances pour que la déception soit de la partie.

Décentrez-vous de votre nombril

Cette fixation ne traduit-elle pas une obsession de votre image au détriment de votre intériorité ? N'êtes-vous pas un peu trop autocentrée ? Paradoxalement, vous placez votre personne au centre de tout, alors que vous ne cessez de maugréer que vous êtes grosse et nulle. Du coup, vous en oubliez de regarder les autres, notamment les hommes susceptibles de s'intéresser à vous. Or c'est en étant attentive aux autres que vous les attirerez, tout sexe confondu. Dès qu'une histoire démarre, peut-être faites-vous tout pour qu'elle tourne court ? À trop épier les réactions de l'autre, à trop avoir le sentiment de peser, vous oubliez totalement de le regarder lui. Mais cet homme n'est ni votre balance ni votre nutritionniste... Si vous lui rappelez sans cesse que vous n'êtes pas aimable, il risque de finir par vous prendre au mot. Pour être heureuse en amour, la recette est très simple : intéressez-vous à l'autre, surtout s'il s'intéresse à vous. Cessez de râler parce qu'il ne regarde que votre corps, alors que vous passez votre temps à vous en préoccuper, à l'instar de ces bimbos qui font tout pour attirer le regard concupiscent des hommes et soupirent qu'ils sont tous des pervers qui ne pensent qu'à ça. Vous interroger sur les motifs de votre solitude autres que le poids ouvre déjà une brèche dans vos certitudes et vous permet de commencer à réfléchir...

La destinée n'existe pas

Peut-être encore grossissez-vous pour légitimer votre destin de femme, comme votre mère, votre grand-mère, toutes deux abandonnées par des hommes ; vous estimez qu'en raison de votre histoire, vous serez toujours malheureuse en amour. Votre mère vous répétait-elle qu'aucun garçon ne s'intéresserait à vous parce que vous étiez trop égoïste ou trop grosse ? Ces phrases entendues dans votre enfance ou votre adolescence, vous les avez prises comme une prédiction, comme si votre mère lisait dans la boule de cristal. Être malheureuse en amour est la normalité, ce serait cesser de l'être qui serait incongru. Bien sûr, ces freins sont inconscients, et vous prenez du poids à cause de votre obéissance à cette injonction maternelle, qui vous pousse à grossir pour que la prédiction se réalise. Les répétions familiales nous assurent une identité : même malheureuses, même aliénantes, elles nous paraissent préférables au flou, lequel nous donne le sentiment de flotter sans attaches. Or il est toujours douloureux de ne pas s'inscrire dans la lignée familiale. Pourtant, réfléchissez : il ne s'agit pas de briser toutes les chaînes qui vous relient aux autres et sont indispensables, seulement de casser celles qui vous entravent, et notamment ce surpoids, qui vous interdit d'aimer sereinement. Votre travail va être de distinguer les chaînes joyeuses – dans votre famille, on a un solide sens de l'humour, on est montagnard depuis des générations – de celles qui vous étranglent. Faites pousser de nouvelles graines qui ne demandent qu'à sortir de terre. Parce que, voyez-vous, vous sentir prisonnière d'une destinée est encore une façon commode de ne pas prendre votre vie en main, vous épargne toute remise en question : eh oui, que voulez-vous, nous sommes toutes grosses et malheureuses en amour dans la famille ! Ainsi, vous évitez de vous poser la seule question qui vaille la peine d'être posée sincèrement : pourquoi suis-je seule ? Par choix ? Par nécessité ? Certaines filles sont désignées inconsciemment dans une fratrie pour s'occuper plus tard des parents vieillissants, on leur attribue le rôle de la servante. Si c'est votre cas, rebellez-vous, refusez de vous laisser enfermer dans la cage de Cendrillon, quittez vos haillons et partez au bal... Vous avez votre vie à vivre, ne vous laissez pas enchaîner par une mère abusive pour ne pas l'être par un homme. Certaines sont des vampires, se nourrissent de la dépendance affective de leur fille. Celle-ci reste à l'ombre de cette ogresse toute-puissante – ou drapée dans son rôle de victime, ce qui revient au même puisqu'elle se sent ligotée à sa génitrice. Enfin, grossir peut encore vous servir à vous protéger des déceptions amoureuses, un peu comme ces adolescents qui ne révisent pas le bac : s'ils ne l'ont pas, ce n'est pas parce qu'ils n'en ont pas les capacités, mais parce qu'ils n'ont rien révisé. Vous êtes dans la même logique avec votre poids : si vous maigrissez et que vous êtes déçue en amour, ce serait trop douloureux, cela signifierait que vous n'êtes vraiment pas aimable. Parfois, alors que nous claironnons chercher l'amour, nous préférons inconsciemment rester dans le rêve. Pourquoi ? Parce qu'il permet de ne pas ébranler nos scénarios de midinette : regarder en boucle les séries à l'eau de rose, une tablette de chocolat à la main, nous épargne l'épreuve de la réalité. Mais il est temps de grandir. Si vous pensez qu'il n'y a que votre apparence qui compte, vous risquez de négliger d'autres aspects de votre personnalité qui ont pourtant bien plus de chances de plaire au long cours que le simple fait d'entrer dans un 38. D'accord, vous n'avez pas été aimée, ou mal, mais désormais c'est à vous de vous embellir en mettant en vous de belles choses, de la belle musique, qui va vous nourrir de l'intérieur. Considérez-vous comme une œuvre d'art. Une œuvre d'art n'est pas toujours belle. Mais elle touche le cœur et l'esprit de ceux qui la regardent. Elle n'est pas parfaite, elle est unique. Non, vous n'êtes pas égocentrique, une œuvre d'art, tout le monde en profite. Vos qualités de cœur comptent bien plus que votre tour de taille pour trouver l'amour.

Des certitudes à revisiter

Vous pensez que vous ne rencontrez aucun homme ou que votre dernier amant vous a quittée à cause de votre poids ? Mais vous n'êtes pas une enveloppe vide, et c'est faire bien peu de cas de l'intelligence du sexe opposé que de le penser... Il est vrai que les idées fausses sur les hommes font désormais florès. Ils seraient de simples mécaniques uniquement intéressées par le sexe et l'apparence. C'est pourtant bien plus complexe un homme, si vous prenez le temps de l'observer, de vous interroger, au lieu de guetter vos bourrelets dans la glace. Pour votre défense, il est vrai que les plus fragiles, les moins sûrs d'eux, sont piégés par cet impératif sociétal : ils sortent avec des minces alors qu'ils rêvent de caresser une femme gironde. Personne n'est gagnant à ce jeu de dupes. Certaines femmes encore ont tellement peur d'être quittées si elles regrossissaient qu'elles se rendent malheureuses et finissent par créer ce qu'elles redoutent tant. Si vous n'êtes obnubilée que par le désir de plaire, vous ne vous occupez plus de votre partenaire qui va vous quitter, non parce que vous êtes trop forte, mais parce qu'il se sent abandonné. Attention encore de ne pas brandir vos kilos comme une arme. Je suis grosse, et alors ? On doit m'aimer comme ça ! Vous estimez ainsi affirmer une liberté de choix face aux diktats de minceur imposés par la société. Mais n'est-ce pas payer un tribut un peu fort ? Pensez-vous sincèrement que vous allez changer seule cette tendance ? N'est-ce pas plutôt pour vous punir ? Qui voulez-vous venger en gardant votre surpoids ? Votre mère, que votre père a laissée tomber parce que, pensait-elle, elle n'était plus séduisante, alors qu'en fait, elle était surtout devenue acariâtre et invivable ? Que dit cette position « c'est à prendre ou à laisser » ? N'est-elle pas confortable puisqu'elle vous empêche de faire des efforts et vous épargne le doute ? À méditer...

Pour aimer, il faut tenir droit tout seul

Pour aimer, il ne faut pas attendre que l'autre comble nos failles, nos déficits antérieurs de tendresse. Il faut d'abord se compléter ; en fait, c'est exactement l'inverse du fameux mythe de la moitié d'orange qui n'existe pas ! Ce fantasme d'un amour qui nous apporterait un sentiment de plénitude, comme lorsque nous étions bébés, il va falloir y renoncer. Nous sommes deux oranges (ou une orange et un citron) qui vont mélanger leur jus et leurs pépins, pour le meilleur et pour le pire. Sans cette étape indispensable, vous risquez de vous comporter avec un homme comme avec la nourriture, le dévorer sans jamais être satisfaite, vous accrocher à lui, et dès qu'il s'éloignera un peu, vous allez souffrir et vous remettre à manger ! Un homme n'est pas disponible vingt-quatre heures sur vingt-quatre, vous ne pouvez pas le mettre dans le congélateur pour être sûre de le retrouver en rentrant... Nous sommes conscients que ce n'est pas si facile puisque vous n'avez pas reçu la dose d'amour nécessaire. Peut-être vous aimez-vous, mais mal, comme certaines mères. Sans amour, nous ne serions rien du tout, comme le chante Édith Piaf ? Sans doute, mais l'amour ne suffit pas, encore faut-il qu'il soit de qualité. Parfois, il est mal dosé, un peu comme la nourriture, il n'y a pas la bonne quantité, la bonne qualité, il ne tombe pas aux bons moments de prise. L'objectif va être de ne pas vous conduire avec vous comme une mauvaise mère, abusive, maltraitante ou incohérente, qui aime un jour et pas l'autre, ou ne sait pas aimer autrement qu'en achetant tout ce qui fait envie à son enfant, confondant don matériel et don d'affection. Pour comprendre comment vous vous comportez avec vous, regardez un peu dans le rétroviseur pour repérer en quoi vous vous aimez mal. Vous avez été élevée par des parents qui vous surprotégeaient et n'exigeaient jamais rien de vous ? Ne soyez pas trop indulgente avec vous, devenez un adulte qui cadre, n'attendez pas que tout vous soit servi sur un plateau. Peut-être n'attendaient-ils rien de vous ? C'est vraiment l'attitude la plus violente envers un enfant. Ne reproduisez pas ce schéma, fixez-vous des objectifs, faites-vous confiance. Apprenez à obtenir ce qui vous tient à cœur par vous-même. On vous a aimée trop durement, sans jamais un compliment, sur le mode « Qui aime bien châtie bien » ? Devenez plus tolérante, une erreur n'est jamais un drame. Certaines pensent qu'en se parlant durement, elles vont garder la maîtrise d'elles-mêmes, se tirer vers le haut, mais c'est une parfaite illusion. Faites même l'inverse, consolez la petite fille qui n'a pas reçu la tendresse qu'elle méritait. Vos parents étaient incohérents et vous ne saviez jamais sur quel pied danser ? Réfléchissez beaucoup avant de faire des choix, tracez une ligne dans votre conduite et essayez de garder le cap. Si vous parvenez à vous aimer suffisamment, vous n'attendrez pas de l'autre qu'il vous guérisse, l'amour n'est pas une thérapie ni un médicament, au risque d'en devenir dépendant avec de nombreux effets secondaires indésirables ! Vous commencerez à chercher l'amour uniquement quand vous serez en bonne santé...

Vous estimez-vous ?

Dans la difficulté à aimer se pose inévitablement la question de l'estime de soi, qui ne va pas toujours de pair avec un entourage défaillant. Parfois, certaines personnes ont été valorisées dans leur enfance, mais ne s'estiment pas pour autant. En fait, elles peuvent avoir peur de perdre cet amour parental inconditionnel ; si elles se mettaient à trop s'estimer, elles prendraient en quelque sorte le risque de ne plus être protégées par ces parents si aimants... Peut-être encore que votre parent vous valorisait, mais ne s'estimait pas lui-même. Or rien de plus contagieux que l'estime de soi. D'ailleurs, établissons d'emblée une distinction entre estime de soi et confiance en soi, souvent confondues, alors que ces deux termes ne signifient pas la même chose, même s'ils peuvent se recouper. De quoi s'agit-il ?
L'estime de soi est reliée à l'amour que l'on se porte, et même si nous ne sommes pas capables de faire certaines choses, dans le fond, nous nous aimons bien. Elle puise sa source dans l'enfance : nos parents nous ont aimés, avec nos défauts et nos qualités, leur affection ne dépendait pas de nos compétences. La confiance en soi, elle, est directement liée à nos compétences dans tel ou tel domaine. Mais il est tout à fait possible de se sentir compétent en sport, dans son travail..., et ne pas s'aimer pour autant. Certaines *working girls* ont confiance en elles sur le plan professionnel, mais, dès qu'il s'agit d'aimer, cette assurance fond comme neige au soleil... Le point où ces deux notions convergent ? Quand notre estime de soi est bonne, nous osons nous lancer dans de nombreux domaines et, donc, nous multiplions les chances de succès, ce qui renforce encore notre sentiment d'être compétent. Nous nous faisons confiance pour y arriver,

comme on nous a fait confiance. En revanche, si nous n'avons pas été soutenus enfants, nous allons tenter de multiplier les bons points, sans apaiser pour autant ce sentiment de ne jamais être à la hauteur.

Peut mieux faire !

Avez-vous été un de ces enfants à qui les parents n'ont jamais dit « c'est bien », mais toujours « tu peux mieux faire » ? Ce défaut de reconnaissance durant l'enfance, aucune réussite ne viendra le combler vraiment. Ces parents ne sont pas forcément mal aimants, mais ils sont toujours insatisfaits, demandent toujours plus à leur progéniture, sans doute en lien avec ce qu'ils ont eux-mêmes vécu. Mais cette attente et cette exigence vont se répercuter plus tard sur votre poids et le régime s'inscrit lui aussi dans ce parcours d'excellence : il faudra le réussir à tout prix ! Malheureusement, les femmes rondes ayant vécu sous ce regard insatisfait sont souvent dans la logique du « tout ou rien » : elles veulent perdre dix kilos mais, si elles n'y arrivent pas, elles préfèrent baisser les bras et en prendre quinze, comme s'il n'existait aucun compromis possible. Il y aura un travail d'acceptation à faire car certains poids resteront inatteignables, malgré des régimes draconiens. D'ailleurs, mieux vaut ne pas se fixer d'objectifs chiffrés.
Et en amour ? La démarche est la même, c'est le prince charmant, sinon rien !

Divorcez de vos parents

Si, pour comprendre vos difficultés, il a été nécessaire de se tourner vers votre passé, pour avancer dans la vie il faut cesser de regarder sans cesse en arrière, accepter de n'avoir pas reçu l'amour que l'on estimait nécessaire. Ce qui est cassé est cassé, mieux vaut tenter de construire son château ailleurs. Peut-être êtes-vous encore encombrée par les injonctions de vos parents ? Grandir, c'est toujours trahir un peu. On ne peut s'en dégager qu'en se confrontant à cette trahison. Dites-vous qu'en prenant vos distances, en vous éloignant d'eux pour construire votre vie de femme adulte, vous réalisez ce qu'ils n'ont peut-être pas fait : vous élever pour prendre un jour votre envol en toute sécurité. Si vous vous sentez trop empêtrée dans le lien avec votre famille pour y parvenir, écrivez une lettre à vos parents ; coucher sur le papier ses griefs permet de prendre de la distance, de sortir de soi ce qui est vécu comme une entrave. L'important est de vous concentrer sur vos ressentis plus que sur les faits, sujets à interprétation. Cela apporte souvent un grand soulagement. Faut-il l'envoyer ? Pas forcément et, en tout cas, mieux vaut ne pas en attendre grand-chose car les parents sont pris eux-mêmes dans une toile d'araignée névrotique qui les a empêchés de vous aimer correctement. Aujourd'hui, vous êtes adulte, vous n'avez plus besoin de leur affection comme un enfant, ne restez pas dans la rancœur, elle vous empêche d'avancer. La psychanalyse mal comprise a pu conduire à reporter tous nos maux sur notre enfance douloureuse, mais nous gardons toujours une responsabilité. Nos fragilités, nos paresses n'ont pas toujours à voir avec la façon dont nous avons été élevés. S'il est bon de l'explorer pour comprendre certaines impasses dans lesquelles nous nous mettons systématiquement, ce passé ne nous détermine pas mécaniquement. Freud lui-même soulignait que la vie psychique n'est pas un destin, qu'elle doit se transformer en une histoire. À vous de l'écrire.

Savourez votre solitude

La solitude n'a pas bonne presse aujourd'hui. Et les femmes sont encore plus pointées du doigt que les hommes : sont-elles seules parce qu'elles sont invivables ? Pourtant, l'allongement de la durée de la vie fait qu'aujourd'hui nous serons tous à un moment donné célibataires, voilà qui aide à se sentir moins seul ! Aujourd'hui, il est temps de revisiter ces poncifs qui collent à la peau de la femme seule parce que pas aimable... N'est-ce pas au contraire une formidable occasion de mieux vous connaître, de réfléchir à votre histoire et notamment à vos histoires amoureuses ? Apprivoiser votre solitude vous permettra d'aller vers un nouvel amour plus satisfaisant, de ne pas vous contenter d'un partenaire médiocre, parce que, grosse comme vous l'êtes, vous ne méritez pas mieux. Mais pour savourer cette solitude, il va falloir chasser tous les donneurs de leçons dont vous êtes la proie rêvée : « Tu devrais sortir plus souvent », « Tu ne fais pas ce qu'il faut »... Halte là ! Comme pour votre régime, votre vie amoureuse ne regarde que vous. Méfiez-vous de ces soi-disant amies qui en vous abreuvant de conseils vous tendent un miroir peu flatteur de femme esseulée. Peut-être envient-elles votre liberté, qui sait ? Tous les couples se plaignent d'en manquer et, une fois séparés, ils n'en profitent guère... Mais ce n'est pas parce que vous êtes seule que vous n'avez pas de valeur. Les espaces de silence permettent de se nourrir intérieurement, ne laissez pas filer cette chance. Comme le souligne joliment la philosophe Chantal Thomas, « nous ne pouvons plus nous donner de lapins à nous-mêmes ». Alors, plutôt que de perdre votre temps en lamentations, profitez de cet espace vacant en amour pour explorer votre personnalité et faire le point sur vos vrais désirs mais aussi pour vous amuser, car pour cela nous n'avons pas toujours besoin d'être en couple.

Que voulez-vous aujourd'hui ?

La norme, c'est le couple, le bonheur, c'est forcément vivre à deux, tel est le credo de la société, via les médias et les séries télé... Mais vouloir trouver l'amour à tout prix, chercher l'âme sœur, est la meilleure façon de ne pas y parvenir. Pourquoi ? Parce que vous allez vous interdire les aventures incertaines, juger chaque homme à sa capacité à devenir un bon père, un bon mari, au lieu de butiner joyeusement dans un premier temps. C'est important de flirter avant de se retrouver à la mairie. Saisissez les occasions d'aventures, non, vous n'êtes pas trop grosse pour vous accorder ce marivaudage. Posez-vous sincèrement la question, loin des diktats de la société qui n'impose qu'une seule façon d'aimer : qu'attendez-vous d'une relation aujourd'hui, à ce moment précis de votre vie ? Un célibat bien assumé peut vous rendre plus exigeante ; quand vous vous remettrez en couple, vous serez plus critique, moins influençable, vous aurez grandi. Vous aurez aussi exploré vos ressources : oui, vous savez démonter et remonter une roue et fixer une étagère au mur, autant d'atouts qui font que vous n'avez pas besoin d'un homme pour l'intendance, seulement pour vous aimer et prendre soin de vous, tout comme vous prendrez soin de lui. Quand le couple n'est vu que comme la seule planche de salut, c'est la meilleure façon pour qu'il coule à pic.

Acceptez la dépendance

Attention, tenir debout toute seule ne signifie pas que vous n'ayez besoin de rien ni de personne ! Bébé, vous étiez totalement dépendante et vous avez peut-être été déçue car l'entourage familial, les nounous, les enseignants n'ont pas toujours répondu présents. Désormais, pensez-vous, on ne vous y reprendra plus ! Pourtant, pour aimer, il va vous falloir accepter la dépendance. Aujourd'hui, nous avons gagné une précieuse liberté, croyons-nous, en ne dépendant plus que de nous-mêmes. Sauf que nous prenons le risque de troquer une dépendance affective contre une dépendance alimentaire... Les filles sont désormais éduquées dans l'idée de ne pas dépendre d'un homme ; les garçons, eux, sont sommés de repasser leurs chemises et de savoir se faire cuire un œuf. Résultat ? Cette indépendance à tout crin renforce notre inquiétude, tant il était rassurant de pouvoir compter sur quelqu'un, même si les rôles traditionnels dont personne ne pouvait sortir étaient très aliénants, n'ayons pas la mémoire trop courte...

Dépendance et addiction : la confusion

Pourquoi la dépendance a-t-elle aussi mauvaise presse ? Parce que nous la confondons bien souvent avec l'addiction, alors qu'elles n'ont rien à voir l'une avec l'autre, et n'ont surtout pas les mêmes effets. L'addiction à un produit crée une accoutumance qui nous pousse à augmenter les doses pour retrouver l'effet initial, parce que le corps s'habitue. Les conséquences économiques, sanitaires, sociales se font souvent très vite sentir. La dépendance, elle, est la difficulté à se passer de quelque chose ou de quelqu'un, ce qui ne signifie pas que nous allons devoir augmenter les doses, ni que nous nous mettons en danger. La différence ? L'addiction est forcément délétère, alors que la dépendance ne l'est pas toujours. Il est bien dommage que cette dernière ait si mauvaise presse parce que c'est elle qui nous permet de nous reposer sur certaines personnes et d'être plus disponibles pour les autres. Elle constitue le socle de la solidarité qui unit les humains. En dépendant les uns des autres, nous nous sentons plus forts, nous avons moins peur, nous pouvons lâcher prise. Bien sûr, la dépendance comporte un risque, l'autre peut s'en aller, nous faire défaut, mais l'indépendance absolue pose un problème bien plus important en générant un grand stress, en favorisant la solitude. Elle traduit notre volonté de tout maîtriser, sauf que dans la réalité, comme c'est totalement impossible, nous sommes forcément déçus. La dépendance, c'est comme l'amour, c'est un échange : vive l'interdépendance !

Besoin de personne, vraiment ?

D'où vient cette soif d'indépendance démesurée ? Elle est née avec le féminisme, et il faut bien reconnaître qu'elle était vitale pour les femmes qui avaient vécu jusque-là dans une dépendance subie. Il existait une vraie inégalité entre les sexes dans beaucoup de domaines, ce qui conduisait les femmes à minimiser le fait que les hommes étaient également dépendants d'elles, ne serait-ce que pour se faire à manger. Si l'autonomie financière gagnée de haute lutte par les femmes favorise leur indépendance, d'autres facteurs entrent également en jeu : l'évolution socio-économique, l'augmentation du niveau de vie font que elles ne veulent plus être dépendantes, aspirant à ce que rien ne vienne faire obstacle à leurs choix, à leurs désirs. Quand il n'y avait qu'une seule télévision pour toute la famille, il fallait bien la partager... Le capitalisme encourage chacun à acheter ses biens personnels pour en vendre plus, mais aussi pour alimenter le fantasme de l'autosuffisance. L'idée dominante de notre époque est de faire croire à chacun qu'il peut vivre sur son île, mais n'est-ce pas une attitude d'adolescente qui réclame d'être indépendante de ses parents ? Le système s'adresse à l'ado immature qui sommeille en nous, ou encore à l'enfant de 2 ans qui veut mettre son pyjama tout seul. Besoin de personne ? C'est probablement ce dont nous souffrons tous ! Le but dans la vie n'est pas d'être libre de toutes contraintes, mais de savoir choisir ses dépendances.

Dépendant... à l'indépendance !

Il y a peut-être un lien à établir entre votre prise de poids et votre position vis-à-vis de la dépendance affective. Beaucoup de rondes sont prisonnières de cette velléité et deviennent dépendantes d'un toujours plus d'indépendance ! Une illusion qui favorise la prise de poids parce qu'elle est facteur de stress chronique, comme nous l'évoquions plus haut. Pourquoi ne pas renoncer volontairement à certaines compétences ou savoir-faire, en sachant que vous pourrez les retrouver facilement ? Voilà une façon de s'alléger, de se reposer, de donner du sens à une union. La dépendance participe au lien amoureux, au don généreux, puisque vous laissez à l'autre des terrains qui lui sont propres. La bonne dépendance, c'est être main dans la main : nous retenons l'autre, l'autre nous retient, tandis que la mauvaise nous passe la corde autour du cou et nous étouffe. Être dépendant ne signifie pas s'aliéner ; si une personne nous fait du mal, rien ne nous empêche de la quitter. Nous pouvons toujours nous « dépendre ». Vous en avez très peur ? Prenez quelqu'un qui dépend un peu de vous : aimer, c'est accepter des dépendances réciproques. Toujours pas convaincue ? Alors, dépendez de plusieurs personnes, vous aurez ainsi moins tendance à vous angoisser et à dépendre de la nourriture. Pour connaître le bonheur, il faut prendre le risque de souffrir ; oui, le lien peut casser, oui, peut-être allez-vous être malheureuse, mais le temps où vous n'aurez pas souffert sera le temps du bonheur.

Le plaisir dans la répétition de l'échec

C'est dur à lire, dur à entendre, mais il est possible que vous vous réjouissiez secrètement de vos échecs. Quoi, qu'est-ce que c'est que cette histoire ? Certes, vous êtes triste chaque fois qu'une histoire d'amour finit mal, mais dans le fond, vous êtes rassurée : l'échec, vous connaissez, tandis que la réussite... Cette répétition dans le malheur vous définit : ah, c'est tout moi ça, je tombe toujours sur des minables ! Inconsciemment, vous préférez ce triste scénario à une histoire inédite qui vous bousculerait de fond en comble. C'est peut-être encore la raison pour laquelle vous vous accrochez à vos kilos : qui voudrait de vous avec votre allure de mammouth ? La preuve, vous êtes seule... Prenez le risque de réussir une belle histoire. Même si vous savez qu'elle peut s'arrêter un jour. Une histoire a toujours un début, un milieu et une fin. Ce n'est pas parce qu'elle sera courte ou qu'elle s'arrêtera que ce sera un échec.

Revisitez vos clichés

Non, les hommes ne viennent pas de Mars, les femmes ne viennent pas de Vénus, comme l'a écrit la psychanalyste Sophie Cadalen[1]. Nous ne sommes pas réduits à ces tristes caricatures. Nos malentendus viennent de notre difficulté à accepter l'autre, à faire avec la différence, sinon les couples d'homosexuels baigneraient toujours dans le bonheur parfait, ce qui n'est pas le cas, et tant mieux ! Dès que l'amour vacille ou se fait rare, nous nous accrochons à ces préjugés pour nous dédouaner de toute interrogation, tant ces clichés rassurent. Ainsi le monde est bien ordonné, il suffit d'en avoir le mode d'emploi. Si les hommes par nature se taisent et que les femmes bavardent, pourquoi tenter de s'améliorer ? Face à un homme qui ne nous parle pas, pourquoi chercher les causes de son mutisme si c'est sa nature qui veut ça ? Pourtant, nous connaissons tous des hommes qui monopolisent la parole, des femmes qui savent très bien lire des cartes routières...

Cessez de rêver au prince charmant

En amour, nous sommes souvent pétris d'a priori : je ne veux qu'un blond, qu'un cadre supérieur, qu'un mari potentiel..., exigences renforcées par les sites de rencontres qui nous demandent de définir le profil idéal recherché. Laissez tomber vos rêves d'adolescente, vous savez bien que le prince charmant qui viendra vous tirer d'un long sommeil n'existe pas. Maintenant que vous êtes une femme complète, bien réveillée, que vous n'attendez plus d'un homme qu'il vous aide

1. Sophie Cadalen, *Hommes, femmes, ni Mars, ni Vénus. Oui, nous sommes différents, mais autrement*, Éditions Leduc, 2006.

à panser vos plaies, observez-les tous, sans exception, comme vous ne l'avez jamais fait jusqu'au présent. Dites-vous bien que vous n'êtes pas seule parce que vous ne plaisez pas, mais parce que personne encore n'a su retenir sérieusement votre attention, ce changement de point de vue va vous donner de l'audace. Laissez tomber les conseils des amis qui vous poussent à sortir pour trouver absolument un compagnon. Vous n'êtes pas pressée, prenez votre temps avant d'accepter un rendez-vous amoureux, laissez grandir votre appétit. Et puis, regarder les hommes est déjà un premier acte de séduction...

Internet, moi ? Jamais !

Ce n'est pas parce que Internet comporte des dérives qu'il faut lui tourner le dos pour chercher l'amour. Sortez de votre discours ronchon, prenez cela comme un jeu, avec légèreté. Ce n'est pas une déchéance, juste un moyen supplémentaire d'élargir votre horizon, nuance... Lorsqu'on a envie de rencontrer quelqu'un, pourquoi ne pas se donner les moyens de le faire ? Évidemment, votre désir de rencontre malmène peut-être votre ego. Sortez de cette image idéale de vous-même ; oui, vous cherchez l'amour, où est le mal ? À regarder le nombre d'inscrits, vous n'êtes pas la seule. Ils ne recherchent que l'aventure d'un soir ? Pas tous, et vous saurez vite faire le tri. Au pire, ils pourraient devenir des copains, et des copains qui vous présenteront leurs copains, qui eux pourraient vous plaire, qui sait ? On choisit un homme comme on choisit une robe par correspondance ? Peut-être, mais l'amour, nous vous le rappelons, surgit toujours à l'improviste. Cet homme qui a en tous points vos goûts vous ennuiera dès la première rencontre, alors que cet autre, que vous n'avez accepté de voir que parce qu'il habite près de chez vous, vous ne cessez de penser à lui depuis que vous l'avez vu. Une femme avait précisé sur sa fiche : surtout pas de moustachus ! Eh bien, elle est tombée amoureuse d'un homme qui, passant outre ce critère, lui avait donné rendez-vous alors qu'il arborait une solide moustache ! On vous le répète, l'amour s'invite toujours à l'improviste...

15

LES PREMIERS PAS

Allez, cette fois-ci, lancez-vous ! Mais ne commettez pas des erreurs de débutante, au risque de tout gâcher. Suivez le guide...

Premiers regards, première rencontre...

À condition de vous poser les bonnes questions, le premier rendez-vous est souvent riche de renseignements, vous permettant d'apprécier s'il va déboucher ou pas sur une relation. Il faut ouvrir l'œil et les oreilles, sans être trop sur vos gardes non plus, en laissant surtout tomber vos a priori. Des hommes qui aiment le tennis et le cinéma, vous devez en connaître au moins une cinquantaine ; il ne s'agit pas de trouver la perle rare, mais la bonne personne pour vous, pour la relation dont vous avez envie aujourd'hui. C'est à travers ce prisme qu'il faudra aborder votre rendez-vous. Le premier contact physique vous fournira de nombreux éléments ; bien sûr, ce ne sont que des indices, mais ils vous donneront déjà une première impression. Si vous cherchez de la protection dans la relation, une poignée de main molle, une tenue légèrement affaissée sur le siège ne vont pas dans ce sens. Son comportement donne des pistes : comment interpelle-t-il le garçon de café ? Comment répond-il au téléphone, que ce soit à sa secrétaire ou à sa mère ? Gageons que s'il renvoie un café tiède, d'ici quelques mois c'est le vôtre qu'il critiquera… Comment parle-t-il de ses anciens amours ? Avec respect ? C'est réjouissant. Personne n'a trouvé grâce à ses yeux ? Il est probable que vous serez la prochaine sur la liste. Tout à votre volonté de faire une rencontre, vous risquez de minimiser ces signes. Dans un premier rendez-vous, chacun se sent jugé par l'autre, d'où la nécessité d'être indulgent, mais pas aveugle… Il est normal d'être intimidé lors d'une première rencontre et les maladresses soulignent même que nous sommes très intéressés. Pour la psychologue Rose-Marie Charest[1], le café et le restaurant ne sont pas les meilleurs endroits pour une première rencontre. Pourquoi ne pas aller voir une exposition ou marcher tout simplement dans un jardin ? Avoir une activité permet des silences moins pesants qu'un tête-à-tête et crée un espace pour se dévoiler plus sincèrement. Si le contact s'établit, il ouvrira des petites fenêtres où le naturel devrait revenir.

Écoutez votre corps

En amour, c'est souvent le corps qui parle en premier, même si nous nous efforçons de ne pas l'écouter. « Les hormones de l'amour entraînent une dilatation des vaisseaux sanguins qui donnent les joues roses et colorent le cou. Ce dernier est une zone de fragilité chez les humains et, en cas d'attaque, on a peu de chances de s'en sortir. De façon très archaïque, quand nous tombons amoureux, nous présentons cette zone en renversant la tête, preuve d'abandon et de confiance », explique la sexologue Ghislaine Paris. La voix également se modifie : vous remarquerez que la

1. Rose-Marie Charest, *La Dynamique amoureuse*, Albin Michel, 2010.

vôtre devient plus aiguë, tandis que l'homme en face de vous adopte une voix plus rauque... Encore un indice qui traduit l'intérêt ! Vous renversez votre verre, il bouscule la chaise en repartant ? Même si ces comportements semblent contre-productifs, ils ne le sont pas du tout : les amoureux s'informent mutuellement qu'ils sont troublés, perdent leurs moyens – n'est-ce pas le début de l'amour ?

Écoutez vos ressentis

Comment vous sentez-vous lors de ce rendez-vous et tout de suite après, en dehors du fait d'avoir appris qu'il aime le théâtre japonais ou le vélocross ? Est-ce qu'il vous a porté une réelle attention ? Dans ce vas vous devez vous sentir bien, même si ce n'est pas le coup de foudre. Ne restez pas scotchée à des rêves de midinette, de nombreuses relations amoureuses démarrent tranquillement, sans affolement, ce sont souvent celles qui sont destinées à durer. Vous imaginez-vous en train de l'embrasser ? Dans *Marius et Jeannette,* le film de Robert Guédiguian, Jeannette rêve de courir sur une plage vers Marius et de se jeter dans ses bras, alors qu'il est en train de lui parler de pot de peinture, voilà un début prometteur ! Mais si, à aucun moment, même bref, vous ne vous êtes sentie en confiance, si vous avez eu le sentiment de devoir l'impressionner ou le rassurer sans cesse sur ce que vous êtes ou n'êtes pas, ce n'est pas très bon signe. Vous êtes restée tout le temps sur vos gardes de peur de faire un faux pas, d'être jugée ? La personne rencontrée peut être passionnante, spirituelle, mais vous donner le sentiment de ne jamais pouvoir être à la hauteur ; avez-vous envie de vivre avec une belle image que vous serez fière de présenter aux autres, ou avec quelqu'un qui vous permette de déployer ce que vous êtes, de vous épanouir ?

Trop beau pour être vrai...

Arrêtez de croire aux contes de fées, au risque de tomber sur un pervers narcissique, le bellâtre de service qui sait y faire pour attraper les femmes dans ses filets. Certains ont l'art de se présenter comme les plats aux noms alambiqués des restaurants prétentieux, le suprême de volaille printanier ne cachant que des filets de poulet surgelés et des petits pois en boîte. Méfiez-vous de la perfection. L'air de rien, il va peut-être vous faire croire qu'il est immensément riche pour d'ici quelques semaines vous demander de payer ses dettes de jeu. Avant de vous interroger sur ce qu'il pense de vous, mettez noir sur blanc ce que vous aimez ou pas chez lui. Ses qualités sont intéressantes, mais ses défauts peuvent l'être aussi, un être humain est un ensemble. Une personne qui n'a que des qualités, c'est suspect et déséquilibré. De plus, il est assez fréquent qu'inconsciemment, on soit plutôt attiré par des défauts ou des faiblesses, à condition que la personne soit cohérente. Toutefois, éliminez l'anorexique qui chipote, le boulimique qui veut vous avaler toute crue. Il ne semble pas vous apprécier ? Gardez en tête que l'on ne peut pas plaire à tout le monde...

Se donner une deuxième, voire une troisième chance...

Sauf dans les cas évoqués plus haut, il faut laisser une deuxième, voire une troisième chance à la relation, surtout si votre interlocuteur est timide, ou si certains indices n'étaient pas cohérents : oui, il a claqué la porte sur le nez d'une personne au bar, mais peut-être était-il distrait par l'émotion ? Donnez-lui une chance s'il vous a semblé attentif à vos propos. Évitez de vous focaliser sur un seul point, c'est la somme des indices qui fait sens. Ou bien de généraliser : il n'aime pas le cinéma, donc il n'aime pas la culture, donc il n'a pas de conversation, donc je vais m'ennuyer... Nous ne nous réduisons pas à nos activités, comme le suggèrent les petites annonces. Une seule personne ne remplira jamais toutes vos attentes et un casting trop serré risque de vous faire passer à côté d'une relation intéressante. Les hommes aiment rire et rêver, eh non, ils ne sont pas fixés uniquement sur votre décolleté généreux ou sur vos fesses trop rondes. Votre exigence révèle peut-être une peur ? La rencontre amoureuse ébranle toujours notre identité. Pour qu'elle débouche sur une relation, il faut disposer d'une solidité intérieure, et rappelez-vous que vous êtes encore un peu en convalescence...

Ne fuyez pas le bonheur

« Non, non, ce n'est pas possible, il n'est pas mon genre, ça ne marchera jamais entre nous... » L'amour se manifeste bien souvent dans les résistances que nous lui opposons. Si cet homme ne correspond en rien à ce que nous espérions de façon consciente, il peut être en totale adéquation avec notre inconscient. Vous voilà prise de vertige et de doute : bon, d'accord, il n'est pas mal finalement, mais si cela ne durait pas ? Fuyons vite le bonheur de peur qu'il ne s'en aille ! L'amour se nourrit plus d'aventures que de certitudes, il faut l'accepter et ne pas feindre l'indifférence en espérant s'en protéger. Enfin, ne vous racontez pas non plus un conte de fées au mépris du réel ; vous avez tellement envie de rencontrer quelqu'un que vous êtes prête à tomber amoureuse sans beaucoup vous soucier de l'autre ; vous êtes amoureuse de l'amour, c'est bien, mais pas suffisant, il faut que l'autre vous intéresse vraiment.

Comme en cuisine...

Maintenant que vous avez décidé de vous revoir, testez votre couple avec différentes sauces : présentez-le à vos amis, emmenez-le à votre club d'équitation, de yoga ou d'informatique... bref, évitez de l'enfermer dans un seul plat. Cela vous permettra de juger cet amour naissant, de renforcer les liens, ou bien d'avoir de mauvaises surprises avant qu'il ne soit trop tard. Peut-être que dans telle situation, il ne sera pas très séduisant, mais dans telle autre, il sera à son avantage. N'oubliez pas que l'amour a un réel pouvoir de transformation ; grâce à vous, la grenouille peut se métamorphoser en prince ! Une relation est rarement d'emblée satisfaisante, elle se construit au jour le jour. Avez-vous enfant toujours reçu des cadeaux tout faits, sans qu'on ne vous ait jamais appris à en fabriquer un ? Vous préférez alors les objets tout neufs, sans imperfection... Mais dans la relation amoureuse, l'autre est un gâteau à refaire chaque jour. Un des grands objectifs de l'amour est d'aider l'autre à s'améliorer pour notre plus grand plaisir.

Ne minaudez pas

Il vous plaît ? Ne vous comportez pas comme une adolescente qui feint l'indifférence et attend que l'autre se manifeste, comme le chante si bien Bénabar : « Même si je ne pense qu'à elle, si je rêve de la revoir, vade retro téléphone, elle ne doit pas le savoir. Nos meilleurs techniciens se sont penchés sur la formule, c'est trois jours au moins le résultat de leur calcul ! » Que raconte cette tactique ? La peur du rejet. Au fond, que risquez-vous ? Quand vous aimez, vous n'êtes jamais perdante. Si l'autre vous aime aussi, c'est merveilleux, et si ce n'est pas le cas, le fait d'aimer ne vous disqualifie pas, bien au contraire ! L'amour vous permet de rayonner et si ce n'est pas cet homme qui en profite, ce sera un autre, tant pis pour lui. Alors, appelez celui qui vous a donné son numéro, oui, nous sommes au XXIe siècle, foncez ! Il vous reconnaît à peine au bout du fil ? Eh bien, vous voilà fixée, inutile de faire des plans sur la comète. Il est ravi de vous entendre ? Vous voyez bien que vous avez bien fait d'oser...

Enrichissez votre palette

Voilà, vous êtes ensemble et vous rayonnez de bonheur. Toutefois, ne cherchez pas à le garder à tout prix, comme vous gardez peut-être vos kilos qui vous tiennent chaud : c'est la meilleure façon de le faire fuir. Au fond de vous, vous pensez que ce n'est pas si mal qu'il s'intéresse à une grosse ! Mais l'amour n'est pas la croix du Mérite, s'il s'intéresse à vous, c'est que vous êtes intéressante ! Pour garder quelqu'un, il ne faut pas être son gardien, il peut toujours s'échapper, il faut le regarder, voire l'hypnotiser. Mettez-vous en valeur, surprenez-le, il ne s'agit pas d'être ce que vous n'êtes pas, ni une femme différente chaque jour – les hommes aiment aussi une certaine constante –, mais d'expérimenter de multiples saveurs, de ne pas vous cloisonner à une seule façon d'être. N'hésitez pas non plus à montrer toutes vos facettes, soyez appétissante. Aimeriez-vous manger des haricots verts tous les jours ? Il faut rester en éveil, en évolution, et ne pas se cacher derrière un « c'est tout moi, ça » qui enferme et empêche d'évoluer.

Rien ne va jamais ?

La psychologue Rose-Marie Charest[1] a une très belle image pour parler de notre noyau dur : nous sommes comme les poupées russes, la plus grande, la plus visible, est notre apparence, mais la plus creuse, la plus fragile, tandis que la toute petite est dense : c'est elle qu'il faut consolider pour aimer et être aimé. Attention, si vous enchaînez frénétiquement les rendez-vous, espérant qu'une rencontre amoureuse changera votre vie de fond en comble, si vous attendez de l'autre qu'il vous révèle à vous-même, votre identité semble encore vacillante pour envisager une relation durable. Le couple est un point de départ, pas un point d'arrivée... Vos attentes, vos capacités d'attachement sont à revisiter. Peut-être avec l'aide d'un psychothérapeute ?

Pensez d'abord à votre plaisir

Vous faites partie de ces femmes rondes qui ne s'imaginent pas se mettre au lit avec leurs kilos superflus ? Faire l'amour est une activité hautement dépensière en calories, ce serait dommage de vous en priver... Sans doute vous mettez-vous trop à la place de votre partenaire éventuel. Vous avez tellement peu d'estime pour vous que si un homme vous aime telle que vous êtes, c'est forcément un pauvre bougre qui ne peut pas sortir avec une mince, à l'instar de l'humoriste Groucho Marx qui affirmait ne pas vouloir faire partie d'un club qui l'accepterait comme membre... Pensez d'abord à votre

1. *La Dynamique amoureuse, op. cit.*

plaisir, et si un homme vous aime avec vos rondeurs, ne le méprisez pas pour autant. La sexualité est un espace de liberté, les goûts des uns et des autres ne regardent qu'eux, tant que ce n'est pas interdit par la loi. Il vous faut renoncer à maîtriser le désir de l'autre et, après tout, si ce sont vos kilos qui l'excitent, pourquoi pas ? Il n'existe pas un seul mode de séduction, réjouissez-vous. Si vous êtes anxieuse, pourquoi ne pas vous rendre ensemble à la piscine avant d'aller au lit ? Ce sera une façon progressive d'exposer votre corps avant de vous dénuder totalement.

Réfléchissez à vos blocages éventuels

Et si vos kilos n'étaient qu'un alibi pour éviter une sexualité qui vous fait peur ? Cela vaut la peine de vous y arrêter un instant. Qu'est-ce qui vous effraie tant ? Vos premières relations ont-elles été traumatisantes ou vécues avec un partenaire qui vous a fait des réflexions sur votre physique, voire s'est moqué de vous ? C'est fréquent à l'adolescence, où les garçons jouent avec le corps des filles sans délicatesse : ils ne veulent pas forcément être irrespectueux, ils sont juste maladroits. Si vous êtes restée fixée sur ces mauvais souvenirs, en prendre conscience constitue un premier pas pour les dépasser. Rappelez-vous que la sexualité est avant tout un jeu entre adultes, abordez-la plus légèrement. Certaines rondes sont très actives sexuellement et prennent les hommes avec gourmandise, lesquels se laissent faire comme des bébés comblés. Contrairement aux plus passives qui vivent mal leur surpoids, elles n'ont aucun mal à se laisser aller. Ne vaut-il pas mieux être une ronde rigolote, qui aime les plaisirs de la table et de la chair, plutôt qu'une femme coincée qui surveille en permanence son assiette et son reflet dans le miroir de la salle de bains ? Décentrez-vous, ne prenez pas toute panne sexuelle pour la preuve que vous n'êtes pas désirable. Oubliez-vous, c'est la meilleure manière de jouir, et gageons qu'ensuite vous ne vous poserez plus aucune question sur vos bourrelets.

Renouez avec la sensualité

Évitez de faire comme ces personnes en surpoids qui se débarrassent de l'acte d'amour parce qu'elles n'aiment pas leur corps. Comme elles le font avec la nourriture, elles sont gloutonnes, de peur que leur partenaire ne s'attarde trop sur ces rondeurs qu'elles détestent. Soit elles ne mangent rien, soit elles dévorent... Nous vous proposons de « manger à la carte », et comme il est bon d'avoir une diversification alimentaire, la diversification sexuelle est à mettre à l'honneur. Renouez avec l'art de la séduction, un pas en avant, deux pas en arrière, faites la coquette, conduisez-vous comme si vous étiez mince, parce que de toute façon le désir de l'homme est très suggestible : c'est votre conviction que vous êtes faite pour lui qui le persuade. Retrouvez l'envie de faire l'amour, qui s'enfuit lorsque nous ne le faisons plus. C'est comme pour la nourriture : vous avez tellement pris l'habitude de manger sur le pouce n'importe quoi que vous n'avez plus très envie de recommencer à cuisiner. Osez aussi dans ce domaine, prenez des risques, goûtez tout en prenant bien votre temps afin de pouvoir vous servir encore et encore. Savourez le plaisir d'être simplement ensemble, de ne rien faire avec votre partenaire... Les temps informels sont précieux pour alimenter le désir.

Acceptez d'avoir faim d'amour !

Acceptez d'avoir faim en amour, acceptez d'être dans l'attente, dans l'inquiétude amoureuse, acceptez d'être émue... Certaines personnes très sensibles s'y refusent parce qu'elles sont trop bousculées. Ou bien elles font l'amour comme elles mangent, goulûment, pour boucher les orifices. Mais le sexe peut être très progressif, c'est la raison pour laquelle les sexologues conseillent aux personnes en difficulté de prendre leur temps, de se caresser avant de faire l'amour, ils ont compris qu'il y a peut-être trop de désir. Autrefois, la relation sexuelle était différée dans le temps, mais parce que désormais la morale ne nous retient plus, il faudrait aller droit au but, ce qui paralyse ceux qui ont peur ou sont trop sensibles. Retrouvons cette progressivité : les cartes à jouer avec des petits scénarios de jeux sexuels rencontrent un vif succès parce qu'elles permettent de ralentir le rythme, évitent de se retrouver au lit avant d'avoir pu apprivoiser son désir et celui de l'autre. Ne négligez pas les préliminaires, qui peuvent constituer parfois l'essentiel de l'acte sexuel, juste le plaisir de deux corps qui jouent ensemble. Sortons de l'obsession de la jouissance. La vie, c'est le chemin qui y mène. Quand nous évoquons nos plus belles rencontres sexuelles, nous parlons rarement pénétration et orgasme, mais émotion forte, complicité... On retrouve là la problématique actuelle du désir, comme s'il s'agissait de s'en débarrasser, vite fait, et trop souvent mal fait.

16

LA VIE EN COUPLE

La vie à deux ne protège pas toujours des angoisses sur le poids. Comment les surmonter ?

L'amour inquiet

Il vous aime, vous l'aimez et, pourtant, vous continuez à être anxieuse. Vous pensez tout bas : « Mais enfin, qu'est-ce qu'il me trouve ? C'est sûr, il va me tromper... » N'est-ce pas l'engagement qui vous fait peur ? Faire l'amour, changer de partenaire, vous savez faire, mais savourer un bonheur au long cours, c'est beaucoup plus difficile. Attention, certaines femmes se mettent à grossir juste pour tester la solidité du lien, sur l'air de « il doit m'aimer pour le meilleur et pour le pire », mais, au final, c'est elles qui se punissent. Parfois, grossir est une façon de mettre en avant une souffrance, un malheur pour culpabiliser l'autre : « Regarde, si tu me quittes, je ne trouverai plus personne ! » N'est-ce pas confondre amour et pitié comme le chantait Sylvie Vartan ? Peut-être encore est-ce une façon pour vous de contenir une agressivité, une opposition que vous n'osez exprimer ? Si vous ouvriez les vannes, vous auriez peur que les digues sautent, vous ne sauriez pas trop où cela vous mènerait. Mais exprimer vos désirs n'irait pas forcément à l'encontre des siens ; trop souvent dans le couple, chacun des membres se tait alors que s'ils échangeaient, ils se rendraient compte qu'ils ne sont pas tant en désaccord. De toute façon, se taire pour pacifier les relations est toujours une mauvaise piste. Bien souvent, nous nous drapons dans notre silence, taisons nos frustrations, avec le fol espoir qu'il va finir par nous comprendre, comme nous comprenait notre maman, sans avoir besoin de parler. Mais nous sommes des adultes dotés de la parole, utilisons-la...

L'amour soumis

Certains hommes choisissent des femmes beaucoup moins belles pour être rassurés, leurs rondeurs apaisent leurs angoisses, ils exercent ainsi une domination sur elles. Le bel hidalgo a son doudou, il se sentirait menacé par une femme qui existe par elle-même. Peut-être a-t-il souffert d'une sœur envahissante, d'une mère autoritaire ? Si c'est votre cas, que se passera-t-il si vous commencez à mincir ? Peut-être favorise-t-il vos prises de poids, vous encourage-t-il à vous resservir, râle quand vous êtes au régime parce qu'il vous trouve désagréable, même si vous ne l'êtes pas... Tout cela est bien sûr totalement inconscient ! Au fond, s'il avait peur que vous le quittiez ? Cela dit, il aime peut-être vos rondeurs, même si vous ne les aimez pas. Il ne faudrait pas pour autant renoncer à votre envie de vous sentir plus légère, mieux dans votre corps, uniquement pour lui plaire. Ce serait comme de vous astreindre à perdre du poids pour le garder. Votre corps vous appartient, vous n'êtes pas un objet ni une poupée qu'on gonfle et dégonfle à volonté, mais un sujet avec ses propres désirs. Si vous êtes consciente de tous ces mécanismes, que vous les acceptez, c'est votre choix. Mais si vous sentez que vous êtes menée par des ressorts dont vous avez vaguement conscience, cela vaudrait la peine d'y réfléchir. Vos variations de poids ne devraient pas faire l'objet de commentaires incessants, dans un sens comme dans l'autre : le jugement sur un corps n'est jamais légitime, nous l'avons longuement évoqué. Faites la part des choses entre jugement et inquiétude ; ce n'est pas pareil si votre compagnon vous dit : « Je m'inquiète parce que tu as maigri ou grossi » et : « Dis donc, tu vas où comme ça ? »

Le poids de l'ennui

Peut-être avez-vous grossi parce que votre relation de couple bat de l'aile ? Le poids pris est un condensé d'amertume, de jalousie, de tristesse, d'ennui. Repérez les liens qui dysfonctionnent entre vous. Bien sûr, la solution pourrait être de vous séparer, mais en avez-vous envie ? La rupture peut être encore plus délétère, alors osez rêver une autre vie de couple avec le même homme ! Réinvestissez votre apparence, recommencez à le séduire, transformez les reproches en projets, n'hésitez pas à casser le ronron quotidien. Récupérez toute idée capable d'y remettre de l'oxygène. Que reste-t-il de votre vie à deux ? Autrefois, vous aviez du plaisir à flâner au lit, depuis quand ne vous l'êtes-vous pas autorisé ? C'est peut-être le moment de revoir vos priorités. Tout pour votre carrière, est-ce bien équilibré ? Se sacrifier pour les enfants, est-ce bien utile ? N'ont-ils pas besoin de voir un couple de parents aimants plutôt qu'hargneux et mal dans leur peau ? Est-ce que ce ne sont pas toutes vos frustrations qui vous ont fait prendre du poids ? Cela vaut la peine d'y réfléchir...

La routine, un ennemi commode...

« Le quotidien, la routine, ont tué notre relation », soupirent une grande majorité des couples. Pourtant, souvenez-vous, au début, vous n'aspiriez qu'à partager ces mille et une choses de la vie commune, comme remplir votre tout nouveau frigo et acheter une machine à laver. Vous regrettez ce temps béni où tout semblait aller de soi, où même accomplir des corvées se faisait dans la bonne humeur. Mais prendre pour une fatalité l'ennui a un avantage inavoué : se dégager de toute responsabilité. Or nous sommes toujours acteurs dans une relation et la qualité de notre vie quotidienne dépend aussi de nous... Le couple est un refuge qui doit nous permettre de nous dépasser, pas une prison. Bien sûr, vous pouvez avoir envie de partir en voyage pour pimenter le quotidien, mais le remède ne peut être que temporaire. Mieux vaut enchanter la vie de tous les jours, c'est au jour le jour que se tisse l'amour. Contrairement à une idée reçue, c'est le quotidien le véritable ciment du couple. Il « prend » grâce à la vie ensemble, avec ce qu'elle a de répétitif, de ritualisé, comme aller au marché ensemble le dimanche matin, lire le journal côte à côte, prendre l'apéro en rentrant le soir du travail. Embellir le quotidien consiste à porter une attention, et même une affection, aux petits moments de bonheur grappillés au jour le jour, rien d'exceptionnel donc, c'est bien plus accessible que les Caraïbes ! Arrêtez de confondre la routine à laquelle vous ne prêtez plus attention et le rituel, chargé symboliquement, des plaisirs partagés.

Et grossir de bonheur...

Vous avez rencontré un homme qui aime manger, court les bonnes tables et adore que vous lui mitonniez des petits plats ? Résultat, depuis que vous êtes ensemble, vous avez pris du poids. Mais est-ce si grave ? Tous les kilos superflus ne sont pas pathologiques, loin de là ! Votre nouveau compagnon vous a peut-être aidée à lâcher votre obsession des régimes. Si vous vous sentez trop mal dans votre peau, libre à vous de mincir, bien sûr, mais êtes-vous certaine que ce soit une nécessité ? La nourriture est sûrement un facteur de complicité entre vous, ne risquez-vous pas de mettre le lien en péril en boudant la bonne cuisine, en faisant la tête à tous les repas ? Pesez bien le pour et le contre...

Le poids de l'apaisement

Vous avez désormais une vie plus calme, vous sortez moins souvent, vous allez moins à votre club de sport, bref, vous êtes moins motivée pour garder votre taille de guêpe depuis que vous vous sentez en sécurité. Eh oui, il n'y a pas que les émotions négatives qui font prendre du poids ! Dans la phase de la passion, souvent on maigrit, parce qu'on vit d'amour et d'eau fraîche, mais ensuite, on a tendance à devenir un bonbon bien installé dans sa bonbonnière, les kilos sont un petit cocon, et ce n'est pas la fin du monde ! Accepter de s'arrondir un peu est la preuve que vous vivez un bonheur tranquille, à condition de ne pas vous endormir en prenant dix kilos ! Peut-être est-ce une façon inconsciente de vous préparer à la maternité ? Il est fréquent que des femmes qui ont un projet d'enfant commencent à prendre quelques rondeurs, d'autant plus qu'elles sont minces.

La naissance des enfants, un cap pour les kilos en trop

Pendant leur grossesse, certaines femmes régressent et elles ont enfin une bonne excuse pour se laisser aller à manger ce dont elles se privent habituellement ! D'autres ont du mal à gérer les modifications internes, les bouleversements face à leur futur nouveau statut : vont-elles pouvoir y faire face ? Seront-elles à la hauteur ? Pour se calmer, elles mangent... Est-ce que c'était votre cas ? À la naissance, de jeunes mères perdent le poids pris, d'autres le gardent précieusement. Certaines enfin s'identifient parfois à leur bébé et redeviennent très orales ; elles sont rondes pour continuer de façon fantasmatique à protéger leur nouveau-né comme quand il était à l'abri dans leur ventre. Certes, la symbiose avec son bébé est nécessaire dans les premiers mois de la vie, mais ensuite, elle peut devenir problématique. Faites-vous partie de celles qui pensent qu'une mère est forcément ronde ? Regardez du côté des femmes minces, on peut être une bonne mère sans avoir dix kilos de trop. La naissance d'un enfant, et c'est souvent négligé, provoque parfois une déprime masquée devant la perte occasionnée par l'accouchement, le deuil de l'état protégé de femme enceinte, celui de l'enfant idéal devant un bébé qui crie. Sans parler du deuil de la vie d'avant, de l'insouciance. Peut-être que l'émancipation gagnée de haute lutte se trouve menacée ? La famille revient au galop, surtout si vous avez besoin de votre mère pour garder votre bébé, vous pouvez avoir l'impression d'un retour en arrière. Paradoxalement, en mettant un bébé au monde, vous redevenez une petite fille à sa maman. Attention, si vous vous sentez empêtrée dans votre lien à la famille, cela vaut la peine de vous organiser autrement, de

trouver une nounou, de vous arranger avec une copine, il est des dépannages de grand-mère qui coûtent trop cher. Il faut également faire face à la baisse de désir sexuel qui accompagne souvent la période postaccouchement, dont certaines s'accommodent très bien, leur bébé comblant leur besoin de tendresse. Faites-vous partie de ces femmes dont le cœur de maman entre en rivalité avec leur cœur d'amante ? Ou bien est-ce que vous n'aimez plus votre corps ? Les femmes ont besoin de se plaire pour plaire à l'autre. Si c'est votre compagnon qui ne vous désire plus parce que vous êtes devenue mère, vous pouvez vous laisser grossir de dépit et de frustration. Toutefois, il est bon de ne pas laisser la panne de désir s'installer trop longtemps, quitte à consulter pour dénouer un problème peut-être inconscient chez vous ou chez votre conjoint.
Si le tête-à-tête avec votre bébé vous pèse, ne restez pas seule à la maison, habillée en survêtement avachi, vous allez finir par en oublier vos contours ! Renouez avec vos copines, allez avec votre bébé dans des lieux où il y a d'autres mamans, sortez prendre un thé en terrasse. Enfin, partagez les tâches avec le père sans vous sentir coupable, car c'est bon pour l'enfant et cela vous permettra de retourner à votre salle de sport ou de chanter dans votre chorale, autant de pistes qui vont réveiller votre désir endormi.

17

L'AMOUR EN MIETTES[1]

Cette vie de couple dont vous aviez rêvé tourne à la débandade. Avant de jeter l'éponge, faites le point sur ses chances de survie.

L'infidélité ou l'amour bafoué

Votre partenaire vous a trompée et vous êtes persuadée, bien sûr, que c'est parce que vous êtes trop grosse, que sa maîtresse est forcément plus mince que vous. Cette souffrance vient peut-être raviver des plaies de votre enfance, un sentiment d'abandon ou d'amour défaillant. Ne prenez pas tout contre vous, son envie d'infidélité peut le concerner sans que vous y soyez pour quelque chose. Ce n'est peut-être pas qu'il ne vous désire plus ou veut vous faire du mal : cette aventure peut correspondre à une envie de découvrir un champ où l'herbe est plus verte. Ou bien il a besoin de se rassurer dans d'autres bras que les vôtres. N'est-il pas angoissé par l'âge ? A-t-il des difficultés dans son travail ? Ou s'est-il laissé manipuler par une femme qui cible de préférence les hommes en couple ? Peut-être encore est-il trop rassuré, trop sûr de lui ? Les raisons d'une infidélité sont souvent multiples, lui-même les ignore peut-être. De votre côté, ne l'avez-vous pas trop

1. Pour reprendre le beau titre du livre de Catherine Siguret, *L'Amour en miettes*, Albin Michel, 2012.

négligé ? Trop occupée par vos régimes et votre club de sport, vous ne lui consacrez peut-être plus assez d'attention. Et ce n'est pas parce que vous allez maigrir qu'il ne vous trompera plus, surtout si vous optez pour une méthode drastique qui va vous affamer, vous rendre aigrie et attiser les conflits avec votre homme. Aucune étude ne montre que les femmes rondes sont plus trompées que les minces. À l'inverse, n'adoptez pas la stratégie qui consiste à le gaver et à lui faire prendre des kilos pour qu'il n'aille pas voir ailleurs. Vous n'avez rien à gagner à ce qu'il se sente mal dans sa peau, c'est même l'inverse qu'il faut faire : persuadez-le que votre amour l'a protégé des coups durs, que c'est grâce à vous qu'il est beau et séduisant, que vous lui avez porté chance. Rappelez-lui tout ce qui lui est arrivé de positif depuis qu'il vous connaît, même si, objectivement, cela aurait pu tout aussi bien lui arriver en dehors de vous : un soupçon de pensée magique ne nuit jamais... Si chacun est libre de pardonner ou pas un adultère, gardez-vous d'explications simplistes ou de remise en question trop radicale de vous-même. Si vous l'aimez toujours, ne vous montrez pas trop influençable en suivant l'avis de vos copines qui lancent des cris d'orfraie : il t'a trompée, c'est un salaud, quitte-le ! Mieux vaut vous concentrer sur votre couple, c'est lui qu'il faut interroger, remettre en question. La très mauvaise idée ? Vous mettre à grossir pour le punir sur l'air de « tu t'es fait plaisir ailleurs, je me fais plaisir en mangeant des gâteaux ! ». Vous ne feriez qu'exercer une vengeance contre vous. N'hésitez pas à lui faire une scène toujours très bénéfique, libératoire et érotique. Ainsi, vous lui montrez que vous tenez à lui, quand bien même il vous a trompée. Et surtout, abstenez-vous de faire la grève du sexe, c'est toujours une grave erreur. Ne lui donnez-vous pas raison d'aller ailleurs. Si vous devez exercer une vengeance, faites-le contre votre rivale en vous montrant encore plus aimante et plus désirante qu'elle. Rien ne sert de vous détruire parce qu'il vous a trompée ou qu'il veut vous quitter. Et devenir agressive et méchante ne le fera pas revenir...

L'amour coupable

C'est vous qui trompez votre mari et grossissez ? C'est le moment d'analyser les raisons de cette infidélité : en avez-vous l'habitude, est-ce une première fois, un coup de folie pour vous rassurer ? Grossir peut-être une façon inconsciente de vous punir. De nombreuses femmes qui trompent leur mari les agressent pour ne pas se sentir coupables, alors que c'est l'inverse qu'il faut faire ; devenez la femme la plus exquise à la maison, il n'en aura que du bénéfice et vous vous sentirez moins coupable. Attention, la règle d'or de l'adultère est de choisir un homme que ne connaît pas votre mari, au risque d'entrer dans une complicité avec votre amant dont il sera exclu. Ce serait humiliant et impardonnable, et franchement, il y a assez d'inconnus sur terre. À côté de l'adultère, et peut-être même à la place, retrouvez des plaisirs avec votre mari. Ne soyez pas dans le clivage, ce n'est pas la peine là encore de le punir, ni de vous priver de sexe. Il va peut-être devenir différent, être à nouveau votre amant, qui sait ? Les femmes attendent tellement de qualités chez un homme qu'elles peuvent vouloir en prendre plusieurs pour composer leur prince charmant. Pourquoi ne pas aider le vôtre à être tous les hommes à la fois ?

L'amour malheureux

Vous avez pris des kilos parce que vous vous disputez sans cesse ? Si les reproches ne sont pas toujours à prendre au pied de la lettre, ils sont un signal d'alarme, une remise en question du fonctionnement du couple, sans être forcément une remise en question personnelle. Il vous critique, vous le critiquez, mais c'est de votre couple qu'il s'agit, c'est lui qui ne vous plaît plus. Il faudrait pouvoir poursuivre en l'améliorant, en trouvant des issues au malaise. Tant qu'il y a du reproche, il y a de l'espoir ; si vous ne teniez plus du tout l'un à l'autre, vous vous seriez déjà sans doute quittés. L'absence de disputes signe parfois la mort du couple. Toutefois, s'écharper, s'abreuver de reproches n'est pas la meilleure des tentatives pour sortir du conflit. Rappelez-vous que la plupart du temps, quand votre compagnon réagit mal, c'est qu'il se sent mal aimé, pas forcément qu'il ne vous aime plus. C'est souvent une sensation d'abandon qui le rend agressif, voilà qui va vous aider à supporter ses remontrances.

Essayez d'autres formules

Avant de jeter l'éponge, donnez-vous une dernière chance : qu'attendez-vous d'un couple aujourd'hui ? Ce n'est peut-être plus ce qui vous faisait rêver il y a vingt ans... Avez-vous vraiment envie de partager le quotidien avec quelqu'un ? Il est tout à fait possible de vivre ensemble depuis quinze ans et d'avoir envie de vivre séparément, sauf qu'aucun des deux n'ose le dire. N'ayez pas peur d'envisager une autre formule, nous sommes moins prisonniers aujourd'hui d'un seul modèle, ne répondez pas à un stéréotype de couple qui ne vous correspond pas. Un conseil ? Montrez-vous généreuse, faites les premiers pas pour fumer le calumet de la paix, n'attendez pas qu'il fasse un effort pour en faire un de votre côté, ce serait vous condamner à l'immobilisme. Il faudrait pouvoir parler de notre couple comme d'un enfant en difficulté dont il faut prendre soin. En période de souffrance, au lieu d'accuser l'enfant, n'essayons-nous pas de trouver les moyens de l'aider ? Peut-être faut-il changer un peu d'air, redéfinir vos priorités, faire un audit, pourquoi pas avec un tiers ? Dans ce cas, choisissez bien votre thérapeute, car certains font alliance avec l'un des deux membres du couple, c'est très dur de ne pas tomber dans ce panneau.

Quand la rupture s'impose

Vous avez fait des efforts et rien ne bouge ? Vous ne pouvez pas jouer une partie de tennis toute seule... Peut-être êtes-vous arrivée au terminus de ce couple-là, mais ce n'est pas une raison pour dénigrer cinq, dix, vingt années de vie commune. Acceptez de vous séparer sans drame, sans amertume, sans regret. Nous ne sommes pas obligés de nous trucider, il n'y a pas d'obligation à détester l'autre pour parvenir à le quitter. On perd du temps, de l'énergie, on se fait beaucoup de mal, alors que l'on peut se séparer avec élégance, de façon progressive, en prenant chacun un appartement dans un premier temps, pour observer comment la relation évolue dans cette nouvelle distance. Autant il serait dommage de partir trop vite avant d'avoir explorer toutes les pistes pour améliorer la situation, autant il ne faut pas en arriver à se salir pour trouver le courage de partir, dans le but de se sentir moins coupable. Assumez votre désamour ! Et partez quand même...

Le divorce qui fait grossir

Bien souvent, on maigrit dans les semaines qui suivent le divorce, surtout quand on est quitté. Puis, petit à petit, l'aiguille de la balance se met à remonter dangereusement, jusqu'à dépasser largement le poids habituel. Le chagrin peut nous faire manger plus que de raison pour combler un vide, apaiser la tristesse. L'angoisse de la solitude se calme, notamment en avalant des denrées sucrées au fort pouvoir consolateur. C'est souvent le cas quand la séparation est subie ; nous ne nous sentions pas si mal dans notre couple, et l'annonce du divorce est un coup de tonnerre dans un ciel qui, même s'il n'était pas serein, ne nous paraissait pas aussi noir. Vous pouvez vous sentir coupable de n'avoir rien vu venir, ou de ne pas avoir su réagir avant qu'il ne soit trop tard. Soudain, vous ne vous sentez plus désirable et, en grossissant, vous collez étroitement à cette mauvaise image de vous-même. Cette prise de poids est plus fréquente si vous étiez ronde avant de vous mettre en couple. L'amour vous avait fait maigrir, vous redevenez la jeune fille boulotte, comme un retour à la case départ. Les kilos sont là pour occuper une place que le conjoint n'occupe plus physiquement, ils tiennent chaud, viennent rompre la solitude. Peut-être est-ce une façon de renoncer à un statut de femme désirable, si vous vous réfugiez exclusivement dans votre statut de mère. Vous avez décidé de ne plus vous faire avoir par l'amour... Plus prosaïquement, prendre du poids s'explique aussi parce que les horaires des repas ne sont plus respectés : on mange n'importe quoi, n'importe quand, debout dans la cuisine ou affalé sur le canapé devant une série télévisée, autant d'habitudes qui modifient la silhouette. C'est une sorte de régression à une position adolescente fréquente, plus encore si, à cette époque de notre vie, nous avons eu tendance à manger pour nous apaiser, le pli revient vite... Certaines se laissent grossir pour culpabiliser l'autre : tu m'as quittée ! regarde un peu ce que je deviens ! Mais se punir n'est jamais la solution, c'est un réflexe masochiste, dont il va falloir vous départir.

Prendre du poids à la mort de son compagnon

Il n'est pas rare de prendre du poids à la suite d'un deuil. C'est une façon d'incorporer l'autre, un peu comme dans les sociétés primitives où l'on mangeait le cœur du défunt. Après le choc, la colère, peut venir un temps de déni. Pour colmater une souffrance à laquelle vous ne pouvez pas faire face, vous mangez pour étouffer votre plainte, pour résister à la dépression, à la violence d'une situation face à laquelle vous avez peur de vous effondrer. Cela peut être considéré comme un mécanisme de défense, une façon de ne pas mourir aussi : grossir, c'est s'éloigner métaphoriquement du cadavre. Par ailleurs, dans un couple, chacun vient compléter l'autre ; que se passe-t-il quand l'un n'est plus là ? Il peut être tentant de le remplacer par des kilos, de prendre sa bedaine, de se nourrir comme lui, c'est-à-dire beaucoup plus que ce que vous aviez l'habitude de manger. Il peut encore y avoir une phase de renoncement à être une femme désirable : ressembler à une bonbonne met à l'abri des regards de séduction. Mais la vie continue, soignez l'image que vous aimiez de vous avant le deuil, l'image de celle qu'il aimait. Parlez de lui, multipliez les rituels pour le mettre en dehors de vous au lieu de l'avaler. Il serait heureux de vous voir heureuse.

18

DONNEZ TOUTES SES CHANCES À L'AMOUR

Que l'on soit ronde ou mince, certains pilotis de l'amour restent incontournables : pas d'amour sans respect, sans générosité, sans appréciation des différences, sans curiosité pour l'autre.

L'envie de durer

À l'heure où la séparation est inscrite dans la constitution du couple, il faut une belle constance pour ne pas déguerpir au moindre coup de vent. Le secret des couples au long cours ? La plupart du temps, une solide envie de durer, justement. Pour réussir en amour, il faut y croire, résister au pessimisme ambiant qui nous souffle qu'avec le temps va tout s'en va. Mais pourquoi ne pas faire de la durée un élément de fierté ?

Changer l'autre ? Oui, mais...

Le véritable amour oblige toujours à une remise en question de soi, de ce que l'on est, de ce que l'on croit être, et met en lumière une face inconnue de nous. Accepter d'être délogé de ses certitudes constitue un puissant moteur de l'amour. Nous l'avons dit, l'amour sert à nous embellir mutuellement. Mais il existe un désir de changer l'autre qui abrite bien des pièges.

Certaines demandes de changement peuvent aller à l'encontre du moi profond de l'autre. Comment exiger d'un homme qu'il devienne extraverti s'il est de nature timide ? N'est-ce pas lui dire que, dans le fond, nous n'aimons pas ce qu'il est ? De même, vouloir éloigner l'autre de sa passion risque réellement d'empoisonner le couple, à l'instar de ces femmes qui en font un chantage, voyant dans ce renoncement une preuve d'amour pour elles. Résultat ? En le coupant de ses forces de vie, leur compagnon devient fade et elles finissent par le lui reprocher !

Respecter ses désirs

Dans le couple d'aujourd'hui, le « je » ne peut se dissoudre dans le « nous ». Garder des espaces à soi, des relations hors du couple est devenu vital, ne serait-ce que pour nourrir la relation. Trop de renoncements entraînent inévitablement ennui et aigreur. Il faut être capable de continuer à parler ensemble de ses rêves, de ses nouvelles envies. Bien souvent, le couple n'aborde plus ces questions essentielles de peur qu'elles ne les entraînent loin l'un de l'autre. Mais c'est le contraire qui se passe ! Quand chacun a le sentiment de trop se renier, l'amour s'éteint. La vie quotidienne comporte son lot de contraintes, surtout quand on vit dans une grande ville, avec des enfants à charge, et elle peut devenir pesante si on ne garde aucun espace pour soi. Se ressourcer à l'extérieur est une condition indispensable pour alléger la vie et nourrir le quotidien de son couple. Le seul risque ? Vivre ce qui est excitant à l'extérieur et ne plus partager que ce qui est ennuyeux ou obligatoire. La relation amoureuse repose sur un subtil équilibre entre plaisir individuel et plaisir partagé. Patricia Delahaie, dans *Comment*

s'aimer toujours[1], propose de lister tous les plaisirs pris ensemble, des plus subtils – j'aime ton cou, j'aime quand ta main me caresse – aux plus concrets – j'aime quand tu me lis le journal ou que tu penses à acheter les tourteaux que j'adore au marché. L'intérêt de ce check-up ? Évaluer la santé de la relation. Si plus aucun plaisir ne nous relie, en dehors éventuellement des enfants, il est temps de redresser la barre. Non en accusant l'autre de tous les maux, mais en se demandant sincèrement : « Et moi, qu'est-ce que je fais pour garder mon couple vivant ? »
« Ti voglio bene » signifie en italien « je te veux du bien » et aussi « Je t'aime ». La générosité est au cœur de l'amour. Elle nous aide à accepter les petits défauts de l'autre, à vouloir son bonheur, au moins avec autant d'intensité qu'on recherche le nôtre. Sans cette attention portée à l'autre, l'amour tourne rapidement à vide.

Se respecter mutuellement

Voilà une jolie expression, qui ne doit pas être brandie comme un étendard ou une réclamation. Avant d'exiger d'être respectée, demandez-vous si vous respectez vous-même l'autre. Gide écrivait malicieusement : « J'appelle égoïste quelqu'un qui ne pense pas à moi. » La meilleure façon de respecter l'autre ? Penser que je ne le connais pas. Aimer, c'est renoncer à la toute-puissance qui sous-entend la connaissance totale de son partenaire, dans tous les domaines, y compris dans la sexualité. C'est le regarder comme pouvant à tout moment nous surprendre, malgré la familiarité de la relation. Nous avons tendance à enfermer l'autre dans l'image que nous nous faisons de lui. Comment évoluer

1. Patricia Delahaie, *Comment s'aimer toujours*, Éditions Leduc, 2011.

quand l'un assène sans cesse : « De toute façon, je te connais, tu ne changeras jamais ! » ? Pourtant, le changement est la seule caractéristique stable du monde ! À l'inverse, dans un couple, la remarque « comme tu as changé » est rarement un compliment. Elle sonne toujours comme une trahison – tu n'es plus comme quand je t'ai connu(e) – ou représente une menace. Et si ce mouvement était la plus grande chance de l'amour ? La vie nous fait mûrir, évoluer, nos envies ne sont plus les mêmes, nos désirs non plus. On pourrait s'atteler à repérer en nous, en l'autre, ce qui a changé, non pour le déplorer, mais pour évoluer vers un autre type de relation, vers un autre horizon. On pourrait accepter les zones d'ombre, de flou, d'incohérence. Accepter que tout ne soit pas blanc ou noir, voilà sûrement une des meilleures leçons à retenir de l'amour... Enfin, et c'est certainement le plus difficile, il faut renoncer à enfermer l'autre dans une cage. L'amour est par nature indomptable, pour ne pas l'étouffer mieux vaut le laisser libre d'aller et venir. Nous n'aurons jamais aucune garantie d'être aimés pour la vie. Il nous faut accepter cette incertitude avec sérénité car elle est le gage, comme l'amour, que nous sommes bien vivants.

Conclusion

Nous voici parvenus au bout de ce voyage au cœur de la relation entre amour et nourriture.
Ne rangez pas le livre, gardez-le près de vous. Nous vous invitons même durant sa lecture à souligner les passages qui vous parlent, les conseils que vous avez envie de suivre ; la réussite viendra de ce qui vous touche vous, et personne d'autre. Quand vous sentirez faiblir vos motivations, ouvrez-le à nouveau, relisez les lignes qui ont fait bouger des choses à l'intérieur de vous. Les changements sont toujours lents, que ce soit pour mincir ou pour savoir enfin aimer, ne perdez pas patience. Nous aimerions qu'au terme de ce parcours, vous ayez appris à vous apprécier, avec vos forces et vos faiblesses. Que vous soyez devenue votre meilleure amie. Il est temps de cesser de croire aux propos que l'on tient sur vous et qui vous dépriment, vous font douter de vous, sinon, comment oser de nouveaux défis ? Acceptez votre vulnérabilité, acceptez vos défauts. Oui, vous avez assez de ressources pour aimer et pour faire face à un échec éventuel. Aimer, c'est accepter de perdre et de se perdre, et quel que soit le résultat, le bonheur d'avoir eu la force de vous lancer sera préférable à un repli frileux derrière votre carapace.
Chaque fois que vous sentez la peur vous gagner, répétez comme un mantra cette phrase de Bertolt Brecht : « Celui qui essaie peut perdre, celui qui n'essaie pas a déjà perdu. »

TABLE

I
Comprendre

II
Agir

III

Aimer

Des mêmes auteurs :

COMMENT SURVIVRE QUAND LES PARENTS SE SÉPARENT, Albin Michel Jeunesse, 2004

PARENTS, OSEZ VOUS FAIRE OBÉIR, Albin Michel, 2007

COMMENT AVOIR DE VRAIS AMIS, Albin Michel, 2008

OSEZ VOUS FAIRE RESPECTER !, Albin Michel, 2010

Ouvrages de Stéphane Clerget

NE SOIS PAS TRISTE MON ENFANT, Robert Laffont, 1999

ADOLESCENT, LA CRISE NÉCESSAIRE, Fayard, 2000

NOS ENFANTS AUSSI ONT UN SEXE, Robert Laffont, 2001

ILS N'ONT D'YEUX QUE POUR ELLE, Fayard, 2002

SÉPARONS-NOUS… MAIS PROTÉGEONS NOS ENFANTS, Albin Michel, 2004

LA DEUXIÈME CHANCE EN AMOUR, avec Sylvie Angel, Odile Jacob, 2006

COMMENT DEVIENT-ON HOMO OU HÉTÉRO ?, J.-C. Lattès, 2006

Les pipis font de la résistance, avec Carine Mayo, Albin Michel, 2006

Élever un garçon aujourd'hui, avec Pascale Leroy, Albin Michel, 2005

Quel âge aurait-il aujourd'hui ?, Fayard, 2007

Le Guide de l'ado à l'usage des parents, Calmann-Lévy, 2008

La mère parfaite, c'est vous, avec Danièle Laufer, Hachette Littératures, 2008

Maintenant, tu restes dans ton lit !, avec Anne Lamy, Albin Michel, 2008

Les kilos émotionnels, Albin Michel, 2009

Devenir heureux, avec Karine Le Marchand, Maryse Vaillant et Philippe Grimbert, Calmann-Lévy, 2009

Quand je serai grand, je serai célèbre, avec Danielle Moreau, Michel Lafon, 2009

Ça sert à quoi, les parents ?, avec Sophie Bordet et Clotka, Bayard Jeunesse, 2010

L'amour, 100 % ado, avec Noélie Viallet, Bayard Jeunesse, 2010

Éduquez son enfant pour les nuls, avec Marie Bernard, First, 2011

Réussir à l'école : une question d'amour ?, Larousse, 2012

Soigner son moral au naturel, Albin Michel, 2012

LE PÉDOPSY DE POCHE, Marabout, 2013

MA TO-DO LIST ENFANT, Marabout, 2013

COMMENT PLAIRE AUX FILLES, ET SURTOUT À L'UNE D'ENTRE ELLES, illustration Soledad, Limonade, 2014

COMMENT PLAIRE AUX GARÇONS, ET SURTOUT À L'UN D'ENTRE EUX, illustration Soledad, Limonade, 2014

C'EST QUOI ÊTRE UNE FILLE ? C'EST QUOI ÊTRE UN GARÇON ?, avec Florence Lotthé-Glaser et Anne Rouquette, Bayard Jeunesse, 2014

NOS GARÇONS EN DANGER !, Flammarion, 2015

Ouvrages de Bernadette Costa-Prades

JE ME SOUVIENS DU MARAIS, Parigramme, 1995

DEVENIR PARENT D'ADOLESCENT, Milan, 1999

COMMENT SURVIVRE DANS UN MONDE DE BRUTES, avec Olivier Grignon, Albin Michel, 2005

L'ÉCONOMIE SOLIDAIRE, avec Jacques Prades, Milan, 2005

LES GARÇONS (UN PEU) EXPLIQUÉS AUX FILLES, LES FILLES (UN PEU) EXPLIQUÉES AUX GARÇONS, Albin Michel, 2006

APPRENDRE À FAIRE LE VIDE, avec Paul Ariès, Milan, 2008.

TU TE SOUVIENS DE 68 ? UNE HISTOIRE INTIME ET AFFECTUEUSE, Albin Michel, 2008

FAIRE L'AMOUR POUR ÉVITER LA GUERRE DANS LE COUPLE, avec Ghislaine Paris, Albin Michel, 2010

RÉUSSIR SON NOUVEAU COUPLE, Hachette Pratique, 2009

COMMENT SURVIVRE QUAND ON EST UN GARÇON, avec Jacques Arènes, Le Livre de Poche, 2011

COMMENT SURVIVRE QUAND ON EST UNE FILLE, avec Emmanuelle Rigon, Le Livre de Poche, 2011

COMMENT SURVIVRE À L'ÉCOLE, avec Roland Beller, Le Livre de Poche, 2011

COMMENT SURVIVRE EN FAMILLE, avec Catherine Mathelin, Le Livre de Poche, 2011

PLUS BELLE MA VIE APRÈS 50 ANS, avec Claudine Badey-Rodriguez, Albin Michel, 2011

MOMO, UN MOINEAU À PARIS, Parigramme, 2013

FRIDA KAHLO, Libretto, 2013

LA BELLE AMBITION, avec Sophie Cadalen, J.-C. Lattès, 2013

LUTTEZ CONTRE LE STRESS ET L'ANXIÉTÉ, avec Claudine Badey-Rodriguez, Albin Michel, 2014

DÉVELOPPEZ VOTRE OPTIMISME ET VOTRE JOIE DE VIVRE, avec Claudine Badey-Rodriguez, Albin Michel, 2014

AUTISME : COMMENT RENDRE LES PARENTS FOUS !, avec Catherine Vanier, Albin Michel, 2014

SIMONE DE BEAUVOIR, Libretto, 2014

NIKI DE SAINT PHALLE, Libretto, 2014

JE ME SOUVIENS DE TOULOUSE, Parigramme, 2014

TINA MODOTTI, Philippe Rey, 2015

PAPIER À BASE DE FIBRES CERTIFIÉES

Le Livre de Poche s'engage pour l'environnement en réduisant l'empreinte carbone de ses livres. Celle de cet exemplaire est de :
400 g éq. CO_2
Rendez-vous sur www.livredepoche-durable.fr

Composition réalisée par PCA

Achevé d'imprimer en février 2016, en France sur Presse Offset par
Maury Imprimeur – 45330 Malesherbes
N° d'imprimeur : 206455
Dépôt légal 1re publication : mars 2016
LIBRAIRIE GÉNÉRALE FRANÇAISE – 31, rue de Fleurus – 75278 Paris Cedex 06

Mara Laue
DALMORE JAZZ